# 曹植年譜

江竹虛 撰
江宏 整理

臺灣商務印書館

# 序言

建安文學總先秦兩漢之菁英，導六朝隋唐之先路。為我國中古文學之奇葩，亦吾民族文化之瓌寶也。晚唐詩人皮日休曰：「明皇世，章句之風大得建安體，論者推李翰林、杜工部為之尤。」建安文壇之代表作家，首推鄴中諸子。唐釋皎然曰：「鄴中七子，陳王最高。」清丁晏曰：「詩自《三百篇》、《十九首》以來，漢以後正軌專門，首推子建。洵詩人之冠冕，樂府之津源也。其接武子建，傑然為詩家大宗，若陶之真摯，李之瓌逸，杜之忠悃，而其原皆出於子建。」作者亦曰：「曹植擅淩厲之高才，饒藻組之積學，精金粹璧，風雅獨絕。四言淵源《國風》，雜體規橅兩漢，樂府諸作，風格既極高邁，詞旨亦復敦厚。魏晉以降，作者輩出，咸莫能出其範圍，此曹植所以為古今詩人之宗也。」

作者耽翫典籍，雅愛辭章，景慕前賢，心儀子建。有感於丁晏舊譜之疏失，而致力於《曹植年譜》之改作。於是綜覽傳記，旁搜逸簡，曹植一生之言行事業，網羅無遺。且為曹植詩文次第其出處之歲月，略見其為文之時，或「如三河少年，風流自賞」（平原侯時期），或「以王霸之略，高自期許」（臨淄侯時期），忽又「幽居鄴下，省愆悔過」（黃初時期），乃至「生活艱窘，藩國屢遷」（太和時期），而其慷慨任氣，歌時傷世之意，皆粲然可觀。

本書撰於上世紀五十年代中期，時值肅反、審幹運動之後。作者為民國名士，有江西大才子之譽。因入仕前朝，而名列另冊，著述遭禁，無由問世。上世紀八十年代前後，今人於《曹集》詩文之繫年，舛誤頗多。對作品之正確理解，影響至鉅。作者熟讀經史，長於考據，對後人著述，因撰述在先，監省之責未逮；而付梓在後，匡謬之功猶存。茲舉例略述如左：

## 〈三良〉詩

朱緒曾《曹集考異》云：「此詩乃建安二十年，從征張魯至關中，過秦穆公墓與王粲同作。」趙幼文《曹植集校注》引曹丕〈與鍾大理書〉，以證建安二十年植未從征張魯。而曰：「或當稍後，……不得與王粲同作。」

作者按諸史實：「建安十六年秋七月，植從征馬超。九月渡渭，韓遂、馬超走涼州，楊秋奔安定，關中平。冬十月，自長安北征楊秋，圍安定，楊秋降。十七年春正月，還鄴。」操西征馬超時，使阮瑀作書與韓遂，則瑀與植同在軍中。秦穆公墓在鳳翔城南，為長安至安定必經之地。曹植與王粲、阮瑀詠〈三良〉詩皆相契合，蓋征途同作也。阮瑀卒於建安十七年，植〈三良〉詩作於十六年北征楊秋時，殆無疑義。

余冠英《三曹詩選》疑此詩作於建安十六年從征馬超時，張可禮《三曹年譜》、（臺灣）曹海東《新譯曹子建集》從之，然均無考證，未足為據。

## 〈公宴〉詩

丁晏《年譜》繫於建安十六年。趙幼文曰：「丁譜或未確，此篇疑和曹丕〈芙蓉池〉詩而作。」曹海東從之，而曰：「有很多人寫過〈公宴〉詩，如王粲、阮瑀、劉楨等，且都是唱和之作。」張可禮據曹丕〈與吳質書〉中「元瑜長逝化為異物」一語，而曰：「元瑜常隨丕等游園，瑀卒於十七年，植此詩殆作於十六年秋從征前。」

本書繫此詩於建安十七年秋，因植與仲宣、公幹唱和諸作皆寫秋景，而十六年秋七月，植抱病隨軍西征馬超，當非宴游之時。《藝文類聚》卷九引錄植〈芙蓉池〉詩有「逍遙芙蓉池」之句，丕〈芙蓉池〉詩有「逍遙步西園」之句，可謂唱和。而植〈公宴〉并非與丕〈芙蓉池〉唱和。阮瑀〈公宴〉詩有「陽春和氣動，賢主以崇仁」之句，與植詩顯非同時，亦不得謂之唱和。考曹丕〈寡婦〉詩、賦，知阮瑀卒於十七年冬。是年秋，植作此詩時阮瑀尚在，未見唱和，或因故未從游也。張可禮以瑀卒年斷植詩作於十六年秋從征前，殊為失當。

## 〈寶刀賦〉

曹海東據植〈賦〉序有「魏王」二字（建安二十一年夏五月，操進爵為王），且王粲作〈刀銘〉又卒於二十二年正月，以植〈賦〉與粲〈銘〉為同作，而繫〈賦〉於二十一年，張可禮《三曹年譜》同此。

按〈魏武令〉曰：「往歲作百辟刀五枚，適成，先以一與五官將，」則是時植尚未得寶刀。丕因得寶刀而命王粲作〈刀銘〉。粲〈銘〉序云：「侍中、關內侯臣粲言：奉命作〈刀銘〉。」粲卒於二十二年正月，〈刀銘〉當作於二十一年。植〈賦〉序云：「太子得一」。按丕以二十二年冬十月為太子。其時王粲已卒，安得與植同作。植得寶刀在丕為太子之後，因寶刀而作〈賦〉，或在二十三年也。

## 〈龍見賀表〉

朱緒曾《曹集考異》引《魏志・中山王袞傳》：「黃初三年，黃龍見鄴西漳水，袞上書贊頌。」謂子建〈表〉蓋同時所進。趙幼文、張可禮、曹海東等皆從朱說。

考《魏志・文帝紀》：「延康元年三月，黃龍見譙。……八月，石邑縣言鳳凰集。」又注引〈獻帝傳〉：「（延康元年十月）辛亥，太史丞許芝條魏代漢見讖緯於魏王曰：是以黃龍數見，鳳凰仍翔。」與植〈表〉所言「鳳凰復見於鄴南，黃龍雙出於清泉」相合。應是延康元年為魏代漢侈陳祥瑞之事。曹丕踐祚時，植在臨淄。或傳聞異辭，致「（蘇）則及臨淄侯植聞魏代漢，皆發服悲哭」，可知植未曾預聞魏代漢之事，故植〈表〉雖言延康祥瑞，當作於曹丕稱帝後，而繫於黃初元年。若黃初三年，袁上書贊頌，並未言及鳳凰，與植〈表〉不合，顯非同時之事。且植自黃初二年遭灌均誣奏後，「徙居京師，待罪南宮」。又為東郡太守王機等所誣，廢居於鄴。由黃初二年以迄三年，「形影相守，出入二載」，禁錮於鄴。至黃初四年，仍僻處西館，上疏獻詩謝罪，身處危疑之際，豈能與袁同作。

## 〈懷親賦〉

趙幼文曰：「此賦疑於封東阿王後。」曹海東亦曰：「有可能是作於作者封東阿王期間。」

按植〈賦〉序云：「濟陽南澤有先帝故營，遂停馬駐駕，造斯賦焉。」古者宦游不過百里，而東阿距濟陽遠逾百里。《魏志・武文世王公傳》曰：「魏氏王公既徒有國土之名，而無社稷之實。又禁防壅隔，同於囹圄。」注引《袁子》曰：「諸侯游獵不得過三十里，又為設防輔監國之官以伺察之，王侯皆思為布衣而不能得。」直至太和五年，植上疏求存問親戚，仍云：「近且婚媾不通，兄弟乖絕。……每四節之會，塊然獨處，左右惟僕隸，所對惟妻子」。可知禁防壅隔如故，是以植封東阿王後，仍不得游獵至此。植〈賦〉有「獵平原而南鶩，……赴脩途以尋遠」之句，當是黃初四年自鄄城徙封雍丘，長途跋涉，路過濟陽時作。酈食其墓在雍丘西南二十八里，恰在諸侯王游獵之限域內，故植徙雍丘後，得弔酈食其墓，作〈酈生頌〉。

## 〈怨歌行〉

趙幼文引《魏志・楊阜傳》：「頃者天雨，又多卒暴，雷電非常，至殺鳥雀。」又引《宋書・五行志》云：此次天災，生於太和元年秋。以此斷植〈怨歌行〉作於太和元年，曹海東從之。張可禮疑作於太和五年，植上〈求通親親表〉及〈陳審舉表〉前後。

本書繫於太和二年。是時謠言云：「帝已崩，從駕羣臣迎立雍丘王植。」植於明帝為叔侄，而周公於成王亦為叔侄，故本篇借周公輔成王遭疑忌之事，陳古諷今，以化解當日謠言所引起之疑忌。植辭所言災異：「震雷風且寒，拔樹偃秋稼。」源自《尚書・金縢》：「秋，大熟，未穫。天大雷電以風，禾盡偃，大木斯拔。」而〈楊阜傳〉所言災異，與植辭不合。趙幼文、張可禮之說，皆未可從。

## 〈招降江東表〉

趙幼文據《魏志・劉放傳》：「太和末，吳遣將周賀浮海詣遼東，招誘公孫淵。帝欲邀討之，朝議多以為不可。」而繫此表於太和末。曹海東云：作於太和年間。

按《通鑑・魏紀四》：「太和六年三月，吳主遣將軍周賀、校尉裴潛乘海之遼東，從公孫淵求馬。公孫淵陰懷貳心，數與吳通。帝使汝南太守田豫督青州諸軍自海道，幽州刺史王雄自陸道討之。……豫等往皆無功，詔令罷軍。豫以吳使周賀等垂還，歲晚風急，當赴成山，遂以兵屯據成山。賀等還至成山，豫勒兵擊賀等，斬之。」可見此役乃征討遼東公孫淵，無功而還。歸途中邀擊吳使周賀等，與征吳無關也。

本書繫此表於太和二年征吳之役。據《通鑑・魏紀三》：「太和二年五月，吳王使鄱陽太守周魴譎挑揚州牧曹休，休率步騎十萬向皖以應魴。帝又使司馬懿向江陵，賈逵向東關，三道俱進。」《魏志・明帝紀》：「太和二年秋九月，曹休率諸軍至皖，與吳將陸議戰於石亭，敗績。」此為太和年間征吳之事。時孫權尚未稱帝，仍受魏封稱吳王。故臨戰前，植有招降之議。太和三年夏四月，孫權稱帝，改元黃龍，並與蜀盟，中分天下。時移勢異，是年植〈與司馬仲達書〉轉而辯論征吳戰略，此後當不得有招降之議矣。

此外，如〈敘愁賦〉，本書繫於建安十九年春，獻帝遣使迎植二女弟入宮時。而趙幼文繫於十八年秋七月，獻帝聘操三女為貴人時，已屬不當。曹海東竟據〈賦〉序衍文「故漢」二字，繫于曹丕稱帝之後，謬之甚矣！〈行女哀辭〉李善注有「家王征蜀漢」之語，乃建安二十四年西征劉備。曹海東、張可禮誤為西征張魯，而繫於二十年。又：趙幼文《曹植集校注・曹植年表》云：「（初平）三年，曹操或徙家由東武陽而居鄄城。」似此，則曹植生地成疑。按〈武帝紀〉：「（初平）三年夏四月，青州黃巾眾百萬入兗州，（鮑）信等至東郡迎太祖領兗州牧。遂進兵擊黃巾於壽張東，僅而破之，追黃巾至濟北。乞降。冬，受降卒三十餘萬。四年春，軍鄄城。」後操將兗州刺史治所移鄄城。舉家徙居，當在初平四年。而初平三年，操家人仍居東武陽，為曹植生地。

＊

本書作者江竹虛（一九〇一—一九七五），名毓麟，後以字行。江西永新人。早年就讀燕京大學。初任《京報》編輯，後於東吳大學、滬江大學及河南大學教授文史課程。一九三六年，獲日本中央大學法學士學位。抗日時期，於四川大學、光華大學及朝陽法學院任教。與顧頡剛、盧冀野等相往還。一九四三年，與郭沫若及日人鹿地亘、池田幸子夫婦共同負責「日本反戰同盟」，進行對日宣傳。抗日勝利後，為于右任先生撰寫應酬文稿，有劉成禺為忘年摯友。與汪辟疆、姚鵷雛、商衍鎏、許公武、林召宣等，時相酬唱。一九四九年秋，兩廣監察使劉成禺改任國史館副館長，約請作者任國史館纂修。旋因時局關係轉赴重慶，應聘中國公學大學部中文系教授。

中共建政之初，任上海學院中文系教授。一九五一年十月，該系編印《魯迅紀念特刊》，時值知識分子改造運動，顧頡剛教授等諸同仁，撰文多能順時應勢。而作者所撰〈魯迅與雜文〉，則首言雜文起源《禮記・檀弓》、柳宗元〈捕蛇者說〉、〈種樹郭橐駝傳〉，繼論魯迅雜文之分類。文中雖有應制之語，仍不難窺見其考據癖好。一九五二年，調任上海古典文學出版社編輯，對古籍整理，貢獻良多，如《小說考證》即由其標校後出版。期間與李俊民、汪原放、周華嚴諸同仁有詩文唱和。一九六二年，任中華書局上海《辭海》編輯所特約編輯。晚年潛心文史考證，著述頗豐。惜大部毀於「文革」浩劫，倖存面世之《五經源流變遷考》、《孔子事蹟考》，學界譽為：「江右經師，頡頏名輩，一流佳作，傳世精品，治經學史不可不讀。」誠可謂實至名歸者也。

年譜為記注之學，譜主曹植之言行事蹟、生平著作，因年代久遠，多有散亡。作者薈萃羣書，多方考證，以憑徵信。且傳聞多失，記注難信。如《文選・洛神賦》李善注，闌入唐人小說短書《感甄記》。致曹植被「感甄」之誣，沉冤千載。作者引胡克家注為李善注辯誣，實為曹植辯誣也。故本書亦屬考據之作。書中「導言」對年譜文體之綜述，足資規範年譜創作，於後學亦裨益匪淺矣。

辛卯秋九月　南山老人序於上海虹口天星公寓

# 凡例

一、曹植為漢魏間之傑出作家，亦為建安文壇之代表人物。本譜之作，非僅為介紹曹植在中國文學史上之偉大貢獻，并欲從其一生創作生活中，考見漢魏政教、學術之流變焉。

二、年譜為記注之學，排比年月，鋪陳始終，與整齊故事，性質略同。爰本客觀之態度，為忠實之記錄，不偏不倚，必謹必慎，冀以保存譜主之精神與真面目。由是比事屬辭，多述而不作。蓋不欲以一孔之見，使學者先入為主，而攪亂其對譜主言行事業之獨立思考與自由衡量也。

三、年經事緯，年譜通例。時間序次，關係至鉅。本譜編年，對譜主年歲，仍依當代年號與干支，藉以保存其生前之本來面目。另於其下注明西元紀年以便檢照。

四、史之闕文，由來舊矣。曹植生平事蹟，不惟傳注簡略，莫由窺其全豹；即宋本《曹集》，亦復部帙殘缺，篇目多遺，而文字之譌奪，尤不勝枚舉。且其中詩文，多不記年月。因此，在編年之前，必詳加參驗，彼此印證。先從作品內容，鉤稽其人物事實；復從諸家記注，探索其年月甲子。其有正求之而未得者，則旁求之；旁求之而又不得者，則互參之，廣徵之，博證之，反覆推究，其信而有徵者，然後據以收入。其有月日可考者，則記其月日；無考者，則記其時與年。倘月、日、時、年俱不可考者，暫付闕疑，以免失實之誚。

五、翔實條貫，年譜所貴。本譜所錄，概以史傳為紀綱，記注作旁證，并參考各家著述，以及筆記叢談。凡可以廣見聞，補缺遺者，無不一一搜羅，擇要編入，鉤稽所及，細大不捐。

六、辨別真贋，考訂異同，亦為年譜之首要工作。本譜對於譜主之言行事業與生平著作，無不薈萃羣書，多方考證，鑒別真偽，分析異同，以憑徵信。其有同為一事，而傳聞異辭者；或同為一書，而前後互異者；或同一作者，而自相違伐者；則考異釋疑，附以己意。

七、分門別類，排比纂次。前人譜錄，不無先例。然旁行斜上，縱橫井罫，形式紛繁，徒眩心目。本譜執簡御繁，不立門類；標目提綱，明見本末。除附及之人物外，概以年月先後為次，另以數字標明之，庶清眉目。其有時代難明，無可附麗者，姑繫之於近似之年；或以類相從，或分別加以按語，略事說明，以祛疑惑。

八、時代意識、社會環境，每與譜主生活、思想有直接影響。何況曹植當日以公子之豪，領導建安文壇，才名之盛，寵愛之隆，較諸子桓，或過之無不及。故本譜於三國軍事、政治、社會、經濟、學術、文化，亦擇要載入。蓋歷史背景，為譜主一生言行之重要注腳也。

九、文人年譜，多錄詩文。故本譜於譜主代表作品，或其他有關文字，而年月可徵者，亦分別節錄編入。庶讀者得依據詩文，以考證時事。夫如是，不惟譜主生平事蹟可得而略備；其傳注之疏略，亦得以稍事增補，并藉以認識漢魏間政治、社會、學術之面貌，與譜主作品之思想風格，或亦不無小補也。

十、三國時代，中原文物，一時稱盛。建安文學在魏武父子倡導之下，著作繁富，作者如林，尤以鄴中七子為最著。七子以外之作家，為數亦夥。其生平與譜主有文字交者，更不乏其人。本譜就其與譜主有關係者，擇要敘述。其關係雖無可考，而其學術文章在漢魏間有代表性者，亦略附一二，藉以窺見其淵源與影響，使從事於曹植作品專門研究者，有所考鏡。知人論世，或有取焉。

# 【目錄】

諸家評論　三〇五

# 導　言

## 一、年譜之意義與功用

在全人類文化遺產中，要以吾國史學為最豐富。而吾國史學又以傳記為最發達。蓋自司馬遷《史記》而後，人物傳記殆為歷朝正史構成之主要部分。其他如書志，如表曆，聊備一格而已。以二十四史而論，紀、傳、表、志四種俱備者，僅《史記》、《漢書》、《新唐書》、《宋史》、《遼史》、《金史》、《元史》、《明史》而已。其有紀、傳、志而無表者，則有《後漢書》、《晉書》、《宋書》、《南齊書》、《魏書》、《隋書》、《舊唐書》、兩《五代史》。若《三國志》、《梁書》、《陳書》、《南史》、《北齊書》、《周書》、《北史》等，又只有紀、傳，別無表、志。海外史家嘗謂中國正史為一種紀傳體之歷史，非無故也。

中國正史雖以紀傳為主，然吾人如欲全面瞭解一歷史人物，而紀傳常未足以饜吾人之要求。蓋紀傳貴高簡，往往詞賅而旨博。又常以一人之言行事功，記入其他有關人物紀傳之中。倘不遍覽全史，綜合鉤稽，則東鱗西爪，無由認識其全貌。劉知幾曰：

同為一事，分在數篇，斷續相離，前後屢出。於〈高紀〉，則云「語在〈項傳〉」；於〈項傳〉，則云「事具〈高紀〉」。（《史通・二體第二》）

誠哉是言也。

若夫以一歷史人物為中心，凡關於其人之時代背景、社會情況、生平言行、事功始末、思想變遷，條舉件繫，簡而不漏，縱橫井翾，萃於一編，則年譜尚矣。故章學誠曰：

年譜者，一人之史也。（《文史通義》）

年譜之興，原為補傳記之不足。及其濫觴而成為江河也，遂蔚為傳記文學一大支流。吾人今日如欲對於一歷史人物，獲得全面而綜合之認識，則年譜具有其獨特之功用。因年譜按時間之歷程，區分年月，排比言行，鉅細靡遺，首尾畢現。吾人於此，既可以瞭解其思想發展之過程，與事功成就之因素，亦足以窺見其時代之意識形態與社會之生活面貌。孟軻曰：

> 誦其詩，讀其書，不知其人可乎？是以論其世也。（《孟子・萬章篇》下）

年譜之意義，其在茲乎！

## 二、年譜之起源與發展

譜牒之興，淵源雖遠，然年譜之作，昉於宋人。韓、柳《年譜》，其嚆矢也。推原作者之初意，僅欲為研究韓、柳詩文之參證。蓋不明作者之生平行事、社會關係與時代背景，便無法瞭解其作品之意義，更無由體會其創作之精神。雖草創之始，篇幅較為簡略，內容未臻完備，然對於作者與作品之相互發明印證，已提供若干之便利。

自是而後，順流而作，薛執誼之《六一居士年譜》，洪興祖之《韓子年譜》，魯訔之《杜工部詩年譜》，吳斗南之《陶靖節先生年譜》，其最著也。

年譜雖為個人之歷史紀錄，然譜主之思想事功，常足以反映一時代之精神意識與社會之生活面貌。故吾人如讀一偉大作家年譜，即可以認識其時代之生活與思潮。若讀一偉大政治家年譜，又足以窺見當日政治社會之動向。任何歷史人物，無論其為革命導師、文藝巨人、科學泰斗、勞動英雄，其生平言行，幾無一不反映當日之時代精神與社會生活。蓋歷史人物之言行，不僅負荷歷史時代之使命，代表人民羣眾之要求；而其所創造之業蹟，又常足以將時代巨輪推向前進。故其事功，繼往開來，流傳於後世者，足資吾人感奮興起，發揚光大。然無翔實之年譜，寫其心影，塑其形象，則無以鼓舞吾人學習歷史人物之優良傳統，此年譜之所以可貴也。

明清以來，人物年譜，作者彌眾。由是方法日密，內容益富。語曰：

**作始也簡，其畢也鉅。**

年譜之地位，至是由傳記附庸而蔚為大國矣。當年譜創始之時，其對象僅限於少數代表作家。其繼也，遂普遍應用於一般歷史人物矣。年譜最初之篇幅，亦頗簡略，鮮能獨立成為專門著作；其繼也，長編累幅，竟由一卷二卷而成為數十卷之鴻篇鉅製矣。如《阿雲崖年譜》，內容之富，至三十四卷之多。其發展之速，大有一日千里之勢，此年譜在傳記文學中發展之概略也。

## 三、年譜之種類與性質

自呂大防《韓文年譜》、《杜詩年譜》相繼問世以來，作者日廣。體製既繁，種類亦夥。有由本人自撰者，《孫奇逢年譜》，其先例也。有由後嗣述作者，劉伯繩所作之《劉蕺山年譜》，其代表也。有由門人纂輯者，錢德洪、羅洪先、王畿等合纂之《王陽明年譜》，其尤著者也。然年譜之出於本人撰錄者，內容既較詳盡，事實亦甚親切。但其價值，又常視譜主之品德、學問與其一生之歷史地位以為衡。《孫奇逢年譜》原文頗簡，然明、清之交，「北學」與「洛學」之對峙，可概見焉。其餘「自鄶以下」矣。至與譜主有深切關係之作者，無論其為後嗣，為門人，為親友，凡所記載，多得之於耳聞目睹。其內容之真實，當亦不減於自撰之年譜，但要當分別觀之。蓋豐於所昵，人情之常。親故之口，類多溢美。何況才識品德，兼全為難。故作者雖欲力求忠實，着意鉤出譜主之言行事功，思想特性，而其才德與學識又常不足以副之。故此種年譜，精覈者不多。

間有後世學人，景仰先賢，知人論世，網羅舊聞，鉤稽傳記，為之纂輯年譜者，其價值當亦未可忽視。王懋竑《朱子年譜》，即其例也。此類年譜，因時代遙隔，愛憎不存於心，是非早有定論，溢美之辭或少。且譜主常為作者所景仰、所慕想之人物，而其一生言行與著作，又為作者所拳拳服膺，寢饋不忘。知之既深，言之頗切，而譜主之精神面貌，遂得重現於讀者之前，此其所長也。

他如甲草創於前，乙改作於後，仍未足以副讀者之望。由是再三改作，以至於四五。如《顧亭林年譜》，有顧衍生、吳映奎、車守謙、胡虔、徐松、周中孚、張穆等七種。《陶靖節年譜》，亦有翁方綱、淩廷堪、施國祁、李光庭等四種。《玉谿生年譜》又有朱鶴齡、馮浩、張采田等三種。一般而論，大抵改作者較原纂者為優。蓋創其始者難為功，踵其成者易為力也。

若論年譜之體製，則附見之譜與單行之譜，性質內容微有不同。附見者，為譜主遺著之一種附錄，僅供讀者閱讀作品之參考。單行者，為傳記中一種專門著作，常離譜主遺著而別出獨行。其功用在使一般無暇閱讀譜主之全部遺著者，亦得於年譜中窺見譜主生平事業學問之輪廓。此類年譜，蒐羅既須宏富，記載尤須翔實。不惟譜主一生言行，鉅細畢書，洪纖俱錄，即其代表作品，亦必按年代先後，提要鉤玄。手此一編，則譜主之事功文章，歷歷在目，無待他求。年譜之主要功用，或在於斯。

## 四、年譜之一般體例

年譜體例問題，說者紛紜，莫衷一是。然譜主之事業不同，地位各殊，則年譜之性質內容，固未可以一概而論。言其通例，要不外乎下列四者。

一曰「時代背景」

任何歷史人物，其言行事功，幾無非其歷史時代、社會經濟、政教學術之具體反映，并且受其制限。蓋歷史之演進，常足以湧現英雄人物，而英雄人物之出現，又常足以推進歷史。倘不於年譜中標記時事，相互參證，便無從認識歷史人物之時代意義與價值，更無由認識其事功之思想淵源。

二曰「社會關係」

人類社會，集體為本。歷史之發展，端賴人羣間之互助合作，承先啟後，共同創造。個人為社會之一員，個人之事業與生活，決不能離社會而獨立。故吾人如欲深切認識譜主之事功，便不能不注意其一生之社會關係。故無論其為家庭，為宗族，為姻戚，為師友，為門生，為僚屬，甚至為仇敵，皆與譜主不無直接或間接之影響。年譜對譜主此種社會關係，實未可以忽視。蓋舍此，則無以認識其事功與思想之淵源，更無以認識其生活與人格之價值。

三曰「生平言行」

年譜主要內容，厥為譜主生平之言行。因此譜主一言一行，必須記載翔實，據事直書。使譜主一生之生活思想，學問事業，原原本本，首尾畢現。吾人於此，不惟於譜主之文章事功，須有綜合之分析，與詳盡之記載。即細端末節，如家庭環境、個人性格、處事態度，以及特殊嗜好，亦必細大不捐，囊括無遺。夫如是，或能正確估計其事功之真價值，與其在歷史上之真地位。

四曰「考訂輯佚」

為求年譜內容之翔實，記載之明確，考輯工作，似亦應予以重視。因譜主之言行事功，既不盡薈萃於一編，亦不常傳播於一隅，且歷時既久，散布益廣，倘不多方蒐輯，綜合分析，便無由辨別真贋，考定年月。何況史料之中，是非參錯，疑誤雜出。或因史官之成見，而故作曲筆；或因私人之恩怨，而黑白顛倒；或因主觀之偏執，而是非莫辨；或因專制之淫威，而千古含冤。凡此種種，更有賴於鈎沉索隱，辨偽訂訛矣。陳蘭甫為范蔚宗平反，蔡上翔為王荊公洗冤，俞理初為李清照辨誣，皆其範例者也。（按陳氏〈申范篇〉，見《東塾集》；蔡氏《王荊公年譜》，關於荊公冤屈多所辨正；俞氏〈易安居士事輯〉，見《癸巳類稿》）。

至於譜前傳略與譜後附記，雖未必普遍適用於各類年譜，然亦不無獨特之功用，所謂運用之妙，在乎一心而已。作者擬採用此種體製，以捃摭曹植生平若干未易處理之史料。

## 五、本譜編寫之動機

建安文學總先秦兩漢之菁英，導六朝隋唐之先路，飛翰絕跡，一舉千里。言其代表作家，首推鄴中諸子。然居中領導之者，實為曹公父子。

鍾仲偉云：

降及建安，曹公父子，篤好斯文；平原兄弟，鬱為文棟；劉楨、王粲為其羽翼。次有攀龍托鳳，自致於屬車者，蓋將百計，彬彬之盛，大備於時矣。（《詩品・序》）

劉彥和亦云：

建安之末，區宇方輯，魏武以相王之尊，雅愛詩章；文帝以副君之重，妙善辭賦；陳思以公子之豪，下筆琳瑯；並體貌英逸，故俊才雲蒸。仲宣委質於漢南，孔璋歸命於河北，偉長從宦於青土，公幹徇質於海隅；德璉綜其斐然之思，元瑜展其翩翩之樂。文蔚（路粹）休伯（繁欽）之儔，子叔（邯鄲淳）德祖（楊修）之侶，傲雅觴豆之前，雍容衽席之上，灑筆以成酣歌，和墨以資談笑。觀其時文，雅好慷慨，良由世積亂離，風衰俗怨，並志深而筆長，故梗概而多氣也。（《文心雕龍・時序篇》）

然當日居中領導之者，實為曹公父子，平原兄弟。而平原侯植尤挺然特秀，冠冕羣倫，一時無匹。

釋皎然所謂：

鄴中七子，陳王最高。（《詩評》）

沈德潛亦云：

蘇、李而後，陳思繼起。父兄多才，渠尤獨步，使才而不矜才，用博而不逞博。鄴下諸子，文翰鱗集，未許執金鼓而抗顏行也。（《說詩晬語》卷上）

間嘗盱衡鄴下才人，綜閱當時作品，類皆有其一得之長。或以經術勝，或以老莊著，或以名理顯，或以辭賦騁，或以詩歌稱。如舉一隅以相衡量，曹植或無以遠過。然苟就其全部作品綜合而分析之，則曹植截斷眾流，頡頏羣英，實有其卓然而未可磨滅者在。杜甫所謂：

> 文章曹植波瀾闊。（《杜工部集・追酬高蜀州人日見寄》）

是也。

歷代作家咸以曹植在中古文學史上最大之貢獻，當推四言與五言詩歌；不惟意境清新，感情真摯，想像豐富，語言生動，而且反映現實，個性分明，兼備諸體，掩有眾長。顏延之云：

> 五言流靡，則劉楨、張華；四言側密，則張衡、王粲；若夫陳思，可謂兼之矣。（《太平御覽》卷五八六引〈庭誥〉）

鍾仲偉品第漢魏以來五言作者，古詩之後，特推曹植。一則曰：

> 魏陳思王植，其原出於《國風》。骨氣奇高，詞采華茂，情兼雅怨，體被文質，

粲溢古今，卓爾不羣。

再則曰：

陳思為建安之傑，公幹、仲宣為輔；陸機為太康之英，安仁、景陽為輔；謝客為元嘉之雄，顏延年為輔。斯皆五言之冠冕，文詞之命世也。（《詩品》）

劉彥和論中古詩歌，亦曰：

四言正體，雅潤為本；五言流調，清麗居宗。平子得其雅，叔夜含其潤，茂先凝其清，景陽振其麗。兼善，則子建、仲宣；偏美，則太沖、公幹。（《文心雕龍・明詩篇》）

蓋自《風》、《騷》而後，正軌專門，首推曹植。擅凌厲之高才，饒藻組之積學，精金粹璧，風雅獨絕。四言淵源《國風》，雜體規橅兩漢，樂府諸作，風格既極高邁，詞旨亦復敦厚，魏晉以降，作者輩出，咸莫能出其範圍，此曹植所以為古今詩人之宗也。

自六朝迄於隋唐，曹植作品，遂奉文苑之羽儀，詩人之龜鑑，歷代作家競相慕習。如：

〈鰕䱇〉篇，左太沖〈詠史〉所自出也；〈遠遊〉篇，郭景純〈遊仙〉詩所自出也。他如「南國有佳人」等篇，為阮嗣宗諸作之祖；「公子敬愛客」諸篇，為陸士衡

羣製之宗。（胡應麟語，見《詩藪・內篇》）

此外，若陶淵明之真摯，李太白之瓌逸，杜子美之忠悃，而其原亦多出於曹植。今日李、杜諸家之作，風靡一時，而曹植作品介紹者不多，令人不免有數典忘祖之感。此作者所以兢兢於《曹植年譜》之纂輯也。

## 六、丁晏舊譜之疏失

曹植雖擅八斗之絕才，播繡虎之芳譽，為詩人之冠冕，樂府之津梁；然千百年中尚鮮有為其鉤稽行事，綜述生平，編製年譜者；有之，或自清末丁晏《陳思王年譜》始。丁氏夙治經學，尤精於《詩》、《禮》，著述甚富；已刊行者，有《頤志齋叢書》數十種。晚年獨發奮於《曹集》之考訂，著有《詮評》十卷、《逸文》一卷。蒐輯之勤，校注之審，考辨之詳，議論之正，非獨為《曹集》之功臣，抑亦陳思之知己也。又復鉤稽曹植一生大事，編為《年譜》，附諸卷末；對於研究《曹集》者，論世知人，尤稱便利焉。此譜為《頤志齋四譜》之一，因係附錄，故內容較簡。不惟曹植生平之代表作品，編入者不多，而其生平言行諸大端，亦記載疏闊，時有牴牾。如譜主幼年時期之隨軍生活，與父兄家人馳驅於戎馬之中；平原侯時期，才名方盛，寵愛正隆；臨淄侯時期，牢籠羣彥，窺望儲位；黃初時期，貶爵削地，禁錮壅隔；太和時期，藩國屢遷，不遑寧處。凡此種種，竟略而未載，或雖載而不詳。使後之讀者，對於譜主之身世與著作，無由窺見其輪廓，更遑論認識其一生之全貌。

然此猶得曰附錄之譜以簡略為主也。但其作品之編年，亦時有舛譌。如〈陳琳答東阿王牋〉、〈吳質答東阿王書〉及〈七步詩〉，丁氏均將其列於魏明帝太和三年己酉中。按諸事實，殊有未合。考《魏志・王粲傳》：陳琳卒於建安二十二年魏都大疫之時，距太和己酉，已十有二年，何能起九原而牋答東阿耶？此事理之必不可能者。又〈吳質答東阿王書〉，丁氏亦僅據東阿王一詞而繫於太和三年，實亦未免過於輕率。如吾人從吳質生平仕歷作一綜合而縝密之考察，自足以提供信服而有力之說明。

洪飴孫《三國職官表》云：

> 漢建安十六年，文帝為五官中郎將，置官屬，有長史涼茂、邴原、吳質。

又《魏志・武帝紀》云：

> 建安十七年，割河內之蕩陰、朝歌、林慮……以益魏郡。

可知朝歌之歸曹魏，實始於是年。而吳質由五官將長史出為朝歌長，亦當在此時。

《魏志．王粲傳》裴注引《魏略》曰：

及河北平定，質出為朝歌長。

《文選》卷四二有曹子建〈與吳季重（質）書〉一首，李注引《典略》曰：

質出為朝歌長，臨淄與質書。

按植建安十九年徙封臨淄，其與質書，當在是年。

《文選》又有魏文帝〈與朝歌令吳質書〉一首，李注亦引《典略》曰：

質為朝歌長，大軍西征，太子南在孟津小城與質書。

按曹公西征張魯，太子丕南在孟津小城，為建安二十年間事。是年，吳質仍當在朝歌也。如吾人再聯繫曹植、吳質二書內容，作進一步之考察，亦足以說明此一問題。按植與吳質書中，有：

足下好伎，正值墨翟迴車之縣。

《文選》李注云：

邑號朝歌，墨翟迴車。

而質在答植書中，亦有：

墨子迴車。而質四年雖無德於民，或歌且舞，儒墨不同，固已久矣。

如從植書中「正值墨翟迴車之縣」，與質書中「四年無德於民」二語，綜合而略加分析，則吳質自建安十七年出為朝歌長，至二十年答植書時，適為四年。與「四年無德於民」一語正合。如是，則質〈答東阿王書〉，當在建安二十年，殆無疑義。其稱東阿王者，是編者以植後日之封號追述前事，蓋史家追書之慣例也。

〈七步詩〉，丁氏既以東阿徙自明帝太和中，文帝時無此封號，小說之誣甚矣。不知何故又將其繫於太和三年。或以植之徙封東阿，自是年始也。此詩未見於本集，當未可據。然詩之真贋，自是另一問題，姑置不論。然文帝卒於黃初七年，距太和己酉，亦已三年有餘，又何能迫令植作〈七步詩〉以自贖耶？揆諸情理，顯有未合。

此外，《詮評》中並有類似之舛誤。如曹植〈諫伐遼東表〉，丁氏題注，誤以後事當前事，而云景初中先後遣毌丘儉、司馬宣王帥眾討遼東，傳淵首於京師。然植卒於太和六年十一月，下距景初二年，身歿已六年矣，何能諫伐遼東哉？且太和六年秋九月，遣田豫等討公孫淵一事，明見《魏志》：〈明帝紀〉、〈田豫傳〉及〈蔣濟傳〉注。

《通鑑》亦云：

太和六年秋九月，公孫淵陰懷貳心，數與吳通。帝使汝南太守田豫督青州諸軍自海道，幽州刺史王雄自陸道討之。

史實俱在，班班可考，丁氏殆疏於檢照耳。他如〈鬥雞〉詩列於太和元年，〈金瓠哀辭〉列於太和六年，〈孔子廟頌〉列於黃初元年，亦皆與史實未合。

然丁氏何以疏失至此，蓋亦有故。六朝作品存者頗寡。隋唐以降，學者品第詩文，評論人物，每以《昭明文選》、《世說新語》為金科玉律。片語隻辭，篤信不疑。流宕忘返，牴牾遂多。殊不知《世說》為小說家言，雖韻事佳話，足資流傳；而採撰編次，非同史筆。劉知幾所以有「委巷小說」、「流俗短書」之誚也。因此品藻人物，每多失實。其所記載，亦與其人當日所居職位不盡相合。如〈言語篇〉記劉楨失敬之罪，而謂：

文帝問曰：「卿何以不謹於文憲？」楨答曰：「臣誠庸短，亦由陛下之綱目不疏。」

按劉楨卒於建安二十二年魏都大疫中；不敬被刑，應在魏武之世。曹丕稱帝，楨歿已四年矣。如拘泥於文帝一詞，而謂楨被刑於黃初之際，則與史文不合。又〈傷逝篇〉記王粲之喪，而謂：

王仲宣既葬，文帝臨其喪。

按王粲於建安二十二年春正月從征吳，道病卒；是年冬十月，魏武始以丕為太子。

若是，則王粲病卒之日，魏武尚在。曹丕固未嘗稱帝，且亦未曾立為魏太子。如拘泥文帝一詞，則王粲卒年，又將誤移於文帝之世矣。又〈溺惑篇〉記文帝納甄后事。而謂：

曹公之屠鄴也，令疾召甄。左右曰：「五官中郎已將去。」

按曹公入鄴，事在建安九年八月；而丕為五官中郎將，事在十六年正月。其間相距，約有七年之久。如以五官將為依據，則曹丕之納甄后，當在建安十六年。然此又與史文全不相符。又〈尤悔篇〉記文帝毒殺任城王彰事，而謂：

魏文帝忌任城王驍壯，因在卞太后閣共圍棋並噉棗。文帝以毒置諸棗蒂中，自選可食者而進。王弗悟，遂雜進之，須臾遂卒。太后曰：「汝既殺我任城，不得復殺我東阿。」

按任城王彰卒於黃初四年，而植徙封東阿，事在明帝太和三年。如以東阿為依據，則任城王之被害，又當在太和中矣。然此又與史實相牴牾。諸如此類，未易枚舉。《世說新語．文學篇》記文帝令東阿王植七步作詩，不成者行大法，而其與事實不符，蓋亦此類也。

次言《文選》。六朝總集之存於今者，當以《文選》為最古。鴻篇鉅製，垂範千秋。斯固文苑之津梁，著作之淵藪也。然蕭統當日對於《文選》輯錄之範圍，取捨之標準，體製之區分，以及編次之方法，可議者頗多，前人論之詳矣。茲就其編次方面之疏失，略舉一二，以為世之篤信《文選》，奉為圭臬，并以其一詞一句為依據，而不知聯繫作品內容與歷史事實作具體分析，因而鑄成大錯者，一考鏡焉。

古人著述，各自名家；未有采輯前人，合為總集者也。自專門之學衰，而別集之作眾，其文既非一體，而其言亦時有所長，則選輯之事興焉。蕭統括代選文，廣蒐諸體；觀其發凡創例，仍未脫才士論文之陋習，其於文章流別，歷史背景，未甚親切也。如行旅類，陸士衡〈赴洛〉二首，李善曰：

> 《（五言）集》云「此篇赴太子洗馬時作」；下篇云「東宮作」；而此同云赴洛，誤也。

又遊覽類，顏延年〈車駕幸京口侍遊蒜山作〉一首，張銑曰：

> 此題延年侍遊蒜山。觀其詩意，乃不得從駕，恐題之誤也。

又贈答類，陸士衡〈為顧彥先贈婦〉二首，李善曰：

> 《集》云「為全彥先作」；今云顧彥先，誤也。且此上篇贈婦，下篇答，而俱云贈婦，又誤也。

又曹植〈公讌〉詩一首，李善曰：

贈答雜詩，子建在仲宣之後，而此在前，疑誤也。

〈七哀〉詩一首，李善曰：

贈答，子建在仲宣之後，而此在前，誤也。

〈贈丁儀、王粲〉一首，李善曰：

《集》云「答丁敬禮、王仲宣」；翼字敬禮，今云儀，誤也。

而〈贈白馬王彪〉七首，爭論尤多。趙一清以為既有白馬之文，疑是史誤。洪亮吉以為植黃初四年徙封雍丘，則彪徙白馬，亦當在此時，〈傳〉言七年，誤也。杭世駿以為《志》稱七年徙封白馬，而陳思王〈詩〉稱四年白馬王朝京師，則當時未有此封，宜稱吳王。朱緒曾亦云：「《魏志》：黃初四年，彪為吳王，此云白馬，與《志》不合。」殊不知古人文章，往往未有篇名；後人校錄，始為標題。其稱白馬王者，蓋校錄者偶以後之封號追敘前事，非曹植自題之篇名也。

閻百詩云：

史家有追書之辭，每以後之官名制度，敘前代事。如〈召誥〉有太保字。不知武王時召公尚未為太保也。此為史家追書之辭。（《尚書古文疏證》卷四）

此種問題，編者宜分別說明，以免後人誤會。此外，《文選》對於古人原作面目，似亦未有予以尊重與愛護。其中有增刪古人詩文，或移易其位置篇第者；有誤取賦首或史文為詩賦序語者；又有割裂古人詩文，代造篇題者，以致內容與篇題往往并不相合。諸如此類，未易枚舉。《文選》之疏失既如前述，吾人今日讀古代作品，倘不先聯繫原作內容與歷史事實，以考證其是非，而徒奉《文選》為圭臬，未有不矛盾牴牾者。丁氏《年譜》即其例也。

## 七、本譜之主要內容

曹植生於漢末擾亂之世，幼年時期，即從魏武征伐四方，取兗、徐，并冀、幽，平涼、雍，定青、豫，咸劉厥敵。其始也，肇基於東郡；其繼也，雄據於中原。文、明之世，有州十二，郡八十一，國十一，屬國一，縣七百七十有二。東置合肥，南守襄陽，西固祁山，重兵萃於三方，巍然稱一世之雄。

植雖「生乎亂，長乎軍」（〈陳審舉疏〉語），馳驅於戎馬之中，奮鬥於鋒鏑之下，亦終於苴茅受土，為魏藩輔。然其一生，因時期前後不同，境遇各異，相去何啻霄壤。

如欲於其生平事蹟，作一全面而綜合之考察，勢不能不從歷史背景、各期生活、社會關係、全部作品、中心思想諸方面，為深入之分析，縝密之鈎稽。何以故？蓋捨此便無以認識其一生之言行事業。

請先言歷史背景。

曹植在三國時代，雖非政治上風雲人物，然其父兄專擅朝政，劫遷獻帝。又弒母后，殺貴人，酖皇子，誅大臣，戮名士，自加九錫，稱公稱王。雖曹公及身未及稱帝，而子丕嗣位，竟偽造符命，侈稱禪讓。未幾，而繁陽之臺築矣，黃初之年改矣，獻帝由是廢為山陽公矣。植席父兄之餘蔭，為魏室懿親，位為侯王，爵在上列。故其生平言行，幾無一不與當日之政治、經濟、社會、學術有關，而反映於其作品中者，亦復不尠。蓋作品為作者思維之具體凝固，其所表達，亦即生活現實之具體素描。故吾人如欲深切認識曹植作品對當日政治、社會之現實反映，與其所受之制限，當不僅應詳為敘述與曹植直接有關之生活細節，更應記載其當日軍事、政治、社會、經濟、學術文化之一般狀況。蓋不如是，則無以說明其時代之精神，與其作品之意義、價值。

次言各時期生活。曹植一生，可分為五大階段：

少年時期，隨軍播遷，與家人父兄征伐四方，未遑寧處。〈求自試表〉所云：「臣昔從武皇帝南極赤岸，東臨滄海，西望玉門，北出玄塞。」確為其少年時期從征之經歷，亦即其當年生活之寫照。與魏文帝《典論・自敘》所云「生於中平之季，長於戎旅之間」，「以時之多故，每征，余常從。」情況亦正相同。故曹魏當日軍事之勝敗，不僅與曹植兄弟休戚相關，而且存亡與共。故本譜關於曹魏軍事、政治之發展，記載較多。

平原侯時期，才名方盛，寵愛之隆，幾於奪嫡。時冀、幽、青、并諸州，皆統於魏，曹公遂以丞相之尊，權傾天下。加九錫，稱魏公，政教號令，出自鄴中。其政治地位，遠在許都之上。由是文人才士萃於魏邦。

仲宣獨步於漢南，孔璋鷹揚於河朔，偉長擅名於青土，公幹振藻於海隅，德璉發跡於大魏，足下（楊修）高視於上京。當此之時，人人自謂握靈蛇之珠，家家自謂抱荊山之玉也。吾王於是設天網以該之，頓八紘以掩之，今盡集茲國矣。（〈與楊修書〉）

曹植以公子之豪，與鄴中諸子，文酒宴遊，連輿接席，香花佇月，更酬迭和。遒章雅詠，警動一時。劉彥和所云「文帝、陳思，縱轡以騁節；王、徐、應、劉，望路而爭驅；并憐風月，狎池苑，述恩榮，敘酣宴」者，是也。曹植當日，有如「三河少年，風流自賞」（敖陶孫《詩評》語）。

臨淄侯時期，以王霸之略，高自期許。兼孔老之道，通名法之意，蓋以王者之治，於百家無不貫者也。惟以儲位問題，未能克讓遠防，兄弟之間，終致攜隙。遂令楊修以倚注遇害於先，丁儀、丁廙，以希意族滅於後。曹植斯時之危疑震恐，縱酒自晦，有由來也。

黃初時期，文帝猜忌骨肉，禁錮迫害。由是媒孽交搆，處境益艱。幽居鄴下，省愆悔過；刻肌刻骨，忍垢苟全，詩文怫鬱，音成於心。迄今讀〈責躬〉、〈應詔〉諸章，慄慄如臨刀俎之言，雖伯奇履霜，崔子渡河，亦不是過也。

太和時期，排斥宗親，委心異族。生活艱窘，藩國屢遷。名為懿親，陋同匹夫。甚且「婚媾不通，兄弟乖絕，恩紀之違，甚於路人；隔閡之異，殊於胡越。」（〈求存問親戚疏〉語），遂乃一再請試，求通親戚。以視賈誼奮節於匈奴，劉勝低徊於聞樂，斯人慷慨，詎無故哉？至今〈浮萍〉之吟，〈吁嗟〉之歌，令人不忍卒讀，然亦足見斯時生活之一般矣。本譜於此，尤三致意焉。

次言社會關係。任何歷史人物之言行思想，皆不免為社會關係所左右。故譜主生平一切之社會關係，無論其為家庭，為宗族，為姻親，為師友，為僚屬，為門人，甚至為仇敵，亦必廣為蒐羅，逐一記載。夫如是，始能從綜錯複雜之社會關係中，認識其生活言行之淵源，與其思想事業之由來。本譜於此，亦頗為留意。

次言代表作品。曹植諸作，上承《風》、《騷》現實主義之傳統，下開六朝、隋、唐詩歌之奇葩。自陸士衡、謝康樂、陶淵明以至於杜子美、李太白，幾無一不受其影響。吾人如欲略識其文學史上之地位，與其作品之藝術性與思想性，自不能不選錄其若干代表作品。惟去取之間，頗費斟酌。且原文過長者，刪節尤非易事。另有若干詩文，雖非代表之作，然與譜主思想、生活有直接或間接之關係，間亦附錄一二，以備參考。

末言中心思想。曹魏初期，上接漢末清議之遺風，下啟正始玄談之思潮，為漢魏學術之橋樑。然曹植思想似頗近於雜家，兼孔老之道，通名法之意，與時遷移，應物變化。學識廣博，既不囿於一隅之見；持論明達，亦不拘於一家之說，蓋夙以王霸之略高自期許。所云：

吾雖薄德，位為藩侯，猶庶幾戮力上國，流惠下民，建永世之業，留金石之功，豈徒以翰墨為勳績，辭賦為君子哉？（〈與楊修書〉）

故其作品，於時政得失，民生利病，頗能探求本原，獨抒所見，尤以章表、論說諸作為然。惟曹植思想前後似有不同。前期思想尊孔宗經，游心六藝，〈學官頌〉、〈仁孝論〉、〈漢二祖優劣論〉、〈畫讚〉、〈列女傳頌〉其代表也。後期思想，傾向老莊，敝屣尊榮，崇尚玄虛，離塵絕俗，保性全真；〈玄暢賦〉、〈釋愁文〉、〈髑髏說〉以及〈遊仙〉諸作，皆其代表也。本譜於此，亦采錄一二，藉以說明其思想之演變，并以考見其時代意識焉。

## 八、本譜纂輯之經過

本譜之主要內容，略如上述。惟所涉之範圍頗廣，蒐羅之對象益多。掇拾殘叢，補苴闕略，固非易事，而考覈異同，辨訂真贋，尤難為功。粗言大略，約有五端：

**一曰：古人作品，代有散亡。況經十厄，存者益寡。**

《漢志》著錄之書，求之《隋志》，十缺二三；《隋志》著錄之書，求諸《唐志》，十亡七八。自宋以降，更無論矣。《陳思王集》，按《隋志》作三十卷，兩《唐志》作二十卷，《宋志》作十卷，《通考》亦作十卷。《四庫》所據宋嘉定癸酉翻刻本，蓋即《通考》所載也。卷帙既隨時代喪亂而遞減，篇章復因傳寫訛奪而殘缺。由是〈審舉〉一疏，未窺全豹；〈鞞舞〉之歌，僅拾一鱗。諸如此類，不一而足。吾人今日雖欲竭三餘之晷，窮《四庫》之藏，廣蒐遺編，旁摭佚簡，而年湮代遠，鈎沉何從？其難一也。

**二曰：竹帛梨棗，鈔刊屢易。羨奪舛譌，不一而足。**

《陳思王集》自隋唐舊帙失傳後，宋人重編之十卷本，掇拾叢殘，真贋參差，疑謬百出，而殘篇斷句，又充牣其間。甚至〈宣后誄表〉，綴晉人左嬪之文；〈倉舒哀辭〉，竄魏文曹丕之作。承譌踵謬，由來已舊。於此而欲博采羣籍，旁搜遺文，比較異同，考辨得失，去偽存真，其難二也。

**三曰：記注難信，傳聞多失。**

魏武未歷會稽，而有黃絹幼婦之謠；孫皓不逢康成，而有日永星火之問。虞初頗近於齊諧，郢書遂同於燕說。魏文疏忌骨肉，自戕本根。不惟芳林園縊植之舉，見載於《獨異志》；而走馬百步，作〈死牛詩〉四十言之說，亦見於《太平廣記》。奇譚異說，遠播千載。於此，而欲明故實之情偽，考疑事之真妄，非廣徵博引，參驗稽決，無以折衷至當。其難三也。

**四曰：年經事緯，譜牒通例。舊史編年，類皆如是。**

故孔子《春秋》，首重王正。馬遷《史記》，先裁月表。良以別先後者，繫乎月日；談流變者，存乎歲年。然魚豢《魏略》，闕載《陽秋》。王沈《魏書》，莫紀弦望。益以《陳志》疏闊，《裴注》通侻。〈管輅傳〉注，十六壬子，竟考月而無徵。〈薛綜本傳〉，正月乙未，亦尋年而未得。他如黃初改元，繁陽受璽；日惟辛未，月直秦正；載獻帝起居之注，刊魏王受禪之碑。《陳志》則律移黃鐘，別書元日。《裴注》既依違於〈帝紀〉，沈約復承謬於《宋書》（《宋書・禮志》亦以魏文受禪在延康元年十一月）。又若高貴公之〈自敘〉，三年或是二年。鄄城侯之〈誄〉文，十七移為七日。考時未易，於斯可見。何況抒情之作，詠物之篇，說理之文，雜論之製，於此而欲考時日，譜年月，其難四也。

## 五曰：人之相知，貴相知心。

惟此一心，雖父兄未必能傳之於子弟，子弟亦未必能得之於父兄。況吾人生於今日，距譜主已千數百年。於此而尚欲論古人於千數百年之前，姑無論事蹟久經湮沒，遺著復多殘闕，即使部帙無缺，篇章俱全，而譜主當日之精神面貌，亦悠渺未易復追。何況曹植自黃初而後，禁錮壅隔，不聽朝聘。且防輔監察，嚴於囹圄。睹事傷懷，觸目興感，託諸歌詠，迷離恍惚。故指事則情遙，徵事則境隱，掩抑煩亂，索解不易。於此而欲心領神會，窺見作者之指意，其難五也。

惟念自宋以來，歷史人物多有年譜。若王質栗里之編，安禮柳州之錄，皆能攝彼生平，傳其梗概。況建安文壇，首推曹植，牢籠羣彥，籍甚當時。雖風流之已遠，幸文采之尚存。仰企前賢，曷勝景慕。竊不自揆，爰踵丁晏之後，貿易從事於《曹植年譜》之改作。

於是綜覽傳記，旁搜逸簡，史則陳承祚、范蔚宗之所載，注則裴松之、劉孝標之所徵。考故實於陳編，摭遺文於墜簡，欲同異之互證，必隱祕之全鉤。他如稗官之別錄，名流之談屑，作家之品評，方外之異聞，一鱗半爪，凡足以廣見聞、補闕遺者，莫不采而錄之。其有疏闊寡要，俶詭難徵者，則考異釋疑，附以己意。唐宋類書，輔以封演、樂史之記；梁陳總集，助以鍾嶸、劉勰之談。摭其遺聞軼事，較其異同得失，排比年月，鋪陳始終，鈎稽所及，細大不捐。庶幾曹植一生之言行事業，網羅無遺，首尾畢現。使讀者於千數百載之今日，披閱是編，恍然如接其聲音笑貌，睹其言論風采。然後誦其詩，讀其書，或徵史實，而相互發明；或引言行，而彼此印證；論世知人，當相得而益彰也。

惟以檮昧寡學之身，謬預《曹植年譜》改作之役，吹竽已濫，汲綆不修。雖復廬牟羣籍，薈萃前聞，然旁徵廣引，則氾濫踳駁，未知持擇；遠紹博蒐，又瑣碎疑似，罔識指歸。每溯流而忘源，常顧此而失彼，望洋興歎，測海難窮，掛一漏萬，知所不免。所冀直諒多聞之友，惠予指教，或糾其疵謬，或匡其疏失，則片言之錫，奚啻百朋之賜。

一九五六年二月於上海寓廬

# 本傳

## 《魏志・陳思王植傳》

陳壽

陳思王植字子建。年十歲餘，誦讀《詩》、《論》及辭賦數十萬言，善屬文。太祖嘗視其文，謂植曰：「汝倩人邪？」植跪曰：「言出為論，下筆成章，顧當面試，奈何倩人？」時鄴銅爵臺新成，太祖悉將諸子登臺，使各為賦。植援筆立成，可觀，太祖甚異之。性簡易，不治威儀。輿馬服飾，不尚華麗。每進見難問，應聲而對，特見寵愛。

建安十六年，封平原侯。十九年，徙封臨淄侯。太祖征孫權，使植留守鄴。戒之曰：「吾昔為頓丘令，年二十三。思此時所行，無悔於今。今汝年亦二十三矣，可不勉歟？」植既以才見異，而丁儀、丁廙、楊修等為之羽翼。太祖狐疑，幾為太子者數矣。而植任性而行，不自彫勵，飲酒不節。文帝御之以術，矯情自飾；宮人左右，並為之說，故遂定為嗣。

二十二年，增植邑五千，并前萬戶。植嘗乘車行馳道中，開司馬門出。太祖大怒，公車令坐死。由是重諸侯科禁，而植寵日衰。太祖既慮終始之變，以楊修頗有才策，而又袁氏之甥也，於是以罪誅修，植益內不自安。二十四年，曹仁為關羽所圍。太祖以植為南中郎將，行征虜將軍，欲遣救仁，呼有所勑戒。植醉不能受命，於是悔而罷之。

文帝即王位，誅丁儀、丁廙并其男口。植與諸侯並就國。黃初二年，監國謁者灌均希指，奏「植醉酒悖慢，劫脅使者」。有司請治罪，帝以太后故，貶爵安鄉侯。其年，改封鄄城侯。三年，立為鄄城王，邑二千五百戶。四年，徙封雍丘王。其年，朝京都，上疏。帝嘉其辭義，優詔答勉之。

六年，帝東征還，過雍丘，幸植宮，增戶五百。太和元年，徙封浚儀。二年，復還雍丘。植常自憤怨，抱利器而無所施，上疏求自試。三年，徙封東阿。五年，復上疏求存問親戚。

詔報曰：

蓋教化所由，各有隆弊，非皆善始而惡終也，事使之然。故夫忠厚仁及草木，則〈行葦〉之詩作；恩澤衰薄，不親九族，則〈角弓〉之章刺。今令諸國兄弟，情禮簡怠；妃妾之家，膏沐疏略；朕縱不能敦而睦之，王援古喻，義悉備矣，何言精誠不足以感通哉？夫明貴賤，崇親親，禮賢良，順少長，國之綱紀，本無禁固諸國通問之詔也。矯枉過正，下吏懼譴，以至於此耳。已敕有司，如王所訴。

植復上疏陳審舉之義，帝輒優文答報。其年冬，詔諸王朝六年正月。其二月，以陳四縣封植為陳王，邑三千五百戶。植每欲求別見獨談，論及時政，幸冀試用，終不能得。既還，悵然絕望。時法制待藩國既自峻迫，寮屬皆賈豎下才，兵人給其殘老，大數不過二百人。又植以前過，事事復減半。十一年中而三徙都，常汲汲無歡，遂發疾薨，時年四十一。子志嗣，徙封濟北王。景初中，詔曰：

陳思王昔雖有過失，既克己慎行，以補前闕。且自少至終，篇籍不離於手，誠難能也。其收黃初中諸奏植罪狀，公卿已下議尚書、祕書、中書三府、大鴻臚者，皆削除之。撰錄植前後所著賦、頌、詩、銘、雜論，凡百餘篇，副藏內外。

# 譜前

## 一、家世

曹植字子建，沛國譙人。

**曾祖騰**，漢桓帝時為中常侍大長秋，封費亭侯。

司馬彪《續漢書》曰：

**騰父節**，字元偉，素以仁厚稱。鄰人有亡豕者，與節豕相類，詣門認之，節不與爭。後所亡豕自還其家，豕主人大慚，送所認豕，并辭謝節，節笑而受之。由是鄉黨貴歎焉。長子伯興，次子仲興，次子叔興。騰字季興，少除黃門從官。永寧元年，鄧太后詔黃門令，選中黃門從官年少溫謹者，配皇太子書，騰膺其選。太子特親愛騰，飲食賞賜，與眾有異。順帝即位，為小黃門，遷至中常侍大長秋。在省闥三十餘年，歷事四帝，未嘗有過。好進達賢能，終無所毀傷。其所稱薦，若陳留虞放、邊韶，南陽延固、張溫，弘農張奐，潁川堂谿典等；皆致位公卿，而不伐其善。桓帝即位，以騰先帝舊臣，忠孝彰著，封費亭侯，加位特進。太和三年，追尊騰曰高皇帝。（《魏志》卷一〈武帝紀〉注引）

**祖父嵩**，為騰養子。官至太尉，莫能審其生出本末。

司馬彪《續漢書》曰：

嵩字巨高。質性敦慎，所在忠孝，為司隸校尉。靈帝擢拜大司農、大鴻臚，代崔烈為太尉。黃初元年，追尊嵩曰太皇帝。

吳人作《曹瞞傳》及郭頒《世語》並云：「嵩，夏侯氏之子，夏侯惇之叔父，太祖於惇為從父兄弟。」（同上）

潘眉曰：

《陳志》於〈帝紀〉云：「莫能審其生出本末。」於列傳，則以夏侯惇、夏侯淵、曹仁、曹洪、曹休、曹真、夏侯尚為一卷；顯以夏侯氏為宗室矣。（《三國志考證》卷一）

按《陳志》雖以夏侯、曹氏並為一卷，然其卷末評曰：「夏侯、曹氏世為婚姻，故惇、淵、仁、洪、休、尚、真等並以親舊肺腑，貴重於時。」從未聞以夏侯氏為魏室宗親。

何焯曰：

夏侯惇之子楙，尚清河公主；淵子衡，亦娶曹氏。則謂嵩為夏侯氏之子者，敵國傳聞，蓋不足信。（《何義門讀書記》）

惲敬云：

太祖以女清河公主娶惇子楙，而淵子衡，亦尚太祖弟海陽哀侯女；尚嫡室，又曹氏女也；蓋二女世為婚姻。惇、淵有開國勳，與仁、洪、休、真等。及其亡也，爽與玄先後誅夷，大權始盡歸於司馬氏。故合併之，以觀魏氏興衰之所由，乃作史定法也。（《大雲山房文稿》卷二）

由是以觀，吳人《曹瞞傳》，何氏以為敵國傳聞，未足置信。而郭頒《世語》又為小說短書，似亦未可為據。

## 二、家庭

**父操**，字孟德，為太尉嵩子。

嵩生太祖。太祖少機警，有權數。年二十，舉孝廉，為郎，除洛陽北部尉，遷頓丘令，徵拜議郎。

《魏志・武帝紀》云：

光和末，拜騎都尉，遷為濟南相。久之，徵還，為東郡太守，不就，稱疾歸鄉里。頃之，徵太祖為典軍校尉。會靈帝崩，太子即位，太后臨朝。大將軍何進與袁紹謀誅宦官，太后不聽。進乃召董卓，欲以脅太后。卓未至，而進見殺。卓到，廢帝為弘農王，而立獻帝，京都大亂。卓表太祖為驍騎校尉，欲與計事。太祖乃變易姓名，間行東歸。卓遂殺太后及弘農王。太祖至陳留，散家財，合義兵，將以誅卓。十二月，始起兵於己吾，是歲，中平六年也。

初平元年，後將軍袁術、冀州牧韓馥、豫州刺史孔伷、兗州刺史劉岱、河內太守王匡、渤海太守袁紹、陳留太守張邈、東郡太守橋瑁、山陽太守袁遺、濟北相鮑信同時俱起兵，眾各數萬，推紹為盟主。太祖行奮武將軍。

卓聞兵起，乃徙天子都長安。卓留屯洛陽，遂焚宮室。是時，紹屯河內，邈、岱、瑁、遺屯酸棗，術屯南陽，伷屯潁川，馥在鄴。卓兵強，紹等莫敢先進。太祖曰：「舉義兵以誅暴亂，大眾已合，諸君何疑？」遂引兵西，到滎陽汴水，遇卓將徐榮，與戰不利。

太祖兵少，乃與夏侯惇等詣揚州募兵。刺史陳溫、丹陽太守周昕，與兵四千餘人。至銍、建平，復收兵得千餘人，進屯河內。

二年秋，黑山賊于毒、白繞、眭固等十餘萬眾略魏郡、東郡，（太守）王肱不能禦。太祖引兵入東郡，擊白繞於濮陽，破之。袁紹因表太祖為東郡太守，治東武陽。

三年夏，青州黃巾眾百萬入兗州，殺任城相鄭遂，轉入東平。（刺史）劉岱與戰，為所殺。鮑信乃與州吏萬潛等至東郡，迎太祖領兗州牧。遂進兵擊黃巾於壽張東。信力戰，鬥死。僅而破之，追黃巾至濟北，乞降。冬，受降卒三十餘萬，男女百餘萬口。收其精銳者，號為青州兵。

四年春，軍甄城。袁術引軍入陳留，使將袁詳屯匡亭。太祖擊詳，術救之。與戰，大破之。術退保封丘，遂圍之，術走襄邑；又追之，走九江。秋，太祖征陶謙，下十餘城，謙守城不敢出。

興平元年春，太祖自徐州還。初，太祖父嵩去官後還譙。董卓之亂，避難琅琊，為陶謙所害，故太祖志在復仇。夏，復征陶謙，拔五城，遂略地至東海。會張邈與陳宮叛迎呂布，郡縣皆應。荀彧、程昱保鄄城，范、東阿二縣固守，太祖乃引軍還。是歲，陶謙死，劉備代之。

二年春，襲定陶未拔。會呂布至，又擊破之。夏，布將薛蘭、李封屯鉅野，太祖攻之，遂斬蘭等。布復與陳宮將萬餘人來戰，太祖設伏，大破之，布夜走。太祖復攻拔定陶，分兵平諸縣。冬十月，天子拜太祖兗州牧。兗州平，遂東略陳地。

建安元年春正月，太祖軍臨武平，袁術所置陳相袁嗣降。汝南、潁川黃巾何儀、劉辟、黃邵、何曼等，眾各數萬；初應袁術，又附孫堅。二月，太祖進軍討破之，斬辟、邵等，儀及其眾皆降。天子拜太祖建德將軍，夏六月，遷鎮東將軍，封費亭侯。秋七月，楊奉、韓暹以天子還洛陽。太祖遂至洛陽，衛京都。天子假太祖節鉞，錄尚書事。洛陽殘破，董昭等勸太祖都許。九月，車駕出轘轅而東，以太祖為大將軍，封武平侯。是歲，用棗祗、韓浩等議，始興屯田。

張濟自關中走南陽。濟死，從子繡領其眾。二年春正月，公到宛，張繡降。既而悔之，復反。公與戰，軍敗，為流矢所中，長子昂、弟子安民遇害。遂還許。

秋九月，袁術侵陳，公東征之。術棄軍走，留其將橋蕤、李豊、梁綱、樂就。公到，擊破蕤等，皆斬之，術走渡淮。

三年春三月，公圍張繡於穰。劉表遣兵救繡，繡與表兵合守險，公軍前後受敵。公乃縱奇兵，步騎夾攻，大破之。

秋九月，公東征布。冬十月，進至下邳，布自將騎逆擊，大破之，追至城下。用荀攸、郭嘉計，遂決泗、沂水以灌城。月餘，布將宋憲、魏續等舉城降，生禽布、（陳）宮，皆殺之。

四年春，張楊將眭固殺楊醜，以其眾屬袁紹，屯射犬。夏四月，進軍臨河，使史渙、曹仁渡河擊之，斬固。公遂濟河，圍射犬。故長史薛洪、河內太守繆尚率眾降。以魏种為河內太守，屬以河北事。

秋八月，公進軍黎陽。九月還許，分兵守官渡。十二月，公軍官渡。廬江太守劉勳率眾降，封為列侯。

袁術自敗於陳，稍困，袁譚自青州遣迎之。術欲從下邳北過，公遣劉備、朱靈要之，會術病死。備之未東也，陰與董承等謀反。至下邳，遂殺徐州刺史車冑，舉兵屯沛。遣劉岱、王忠擊之，不克。

五年春正月，公自東征備，破之，生禽其將夏侯博，備走奔紹。備將關羽屯下邳，復進攻之，羽降。

二月，紹遣郭圖、淳于瓊、顏良攻東郡太守劉延於白馬。夏四月，公北救延，使張遼、關羽前登，擊破，斬良，遂解白馬圍。紹於是渡河追公軍，公勒兵駐營南阪下。紹騎將文醜與劉備將五六千騎前後至，遂縱兵擊，大破之，斬醜。良、醜皆紹名將也，再戰悉禽，紹軍大震。公還軍官渡。

八月，紹連營稍前，復進臨官渡，欲與公決勝敗。冬十月，紹遣車運穀，使淳于瓊等五人將兵萬餘人送之。公自將步騎五千人夜往擊之，大破瓊等，皆斬之。張郃、高覽等聞瓊破，遂來降，紹眾大潰。六年夏四月，揚兵河上，擊紹倉亭軍，破之。九月，公還許。紹之未破也，使劉備略汝南，汝南賊共都等應之。公南征備，備走奔劉表。

七年春正月，公軍譙，遂至浚儀，進軍官渡。

紹自軍破後，發病，歐血死。小子尚代，譚自號車騎將軍，屯黎陽。秋九月，公征之，譚、尚數敗退。

八年夏四月，進軍鄴。五月，還許。八月，公征劉表，軍西平。公之去鄴而南也，譚、尚爭冀州，譚為尚所敗，走保平原。尚攻之急，譚遣辛毗乞降請救，公乃引軍還。冬十月，到黎陽，為子整與譚結昏。尚聞公北，乃釋平原還鄴。

九年二月，尚復攻譚，留蘇由、審配守鄴。公進軍到洹水，由降。既至，攻鄴，為土山、地道。五月，毀土山、地道，作圍塹，決鄣水灌城，城中餓死者過半。秋七月，尚還救鄴，公逆擊，破走之，遂圍其營。尚夜遁，保祁山；追擊之，尚走中山。八月，審配兄子榮夜開所守城東門，內兵。配逆戰，敗，生禽配，斬之，鄴定。天子以公領冀州牧。

公之圍鄴也，譚略取甘陵、安平、渤海、河間。公遺譚書，責以負約。譚懼，拔平原，走保南皮。十二月，公入平原，略定諸縣。

十年春正月，攻譚，破之；斬譚，誅其妻子，冀州平。是月，袁熙大將焦觸、張南等叛攻熙、尚，熙、尚奔三郡烏丸。觸等舉其縣降。

夏四月，黑山賊張燕率其眾十餘萬降。故安趙犢、霍奴等殺幽州刺史、涿郡太守。三郡烏丸攻鮮于輔於獷平。秋八月，公征之，斬犢等；乃渡潞河救獷平，烏丸奔走出塞。冬十月，公還鄴。

初，袁紹以甥高幹領并州牧，公之拔鄴，幹降，遂以為刺史。幹聞公討烏丸，乃以州叛，執上黨太守，舉兵守壺關口。十一年春正月，公征幹，圍壺關，三月，拔之。幹遂走荊州，上洛都尉王琰捕斬之。

秋八月，公東征海賊管承，至淳于，承走入海島。

十二年春二月，公自淳于還鄴。北征三郡烏丸，夏五月，至無終。秋七月，公引軍出盧龍塞，東指柳城。尚、熙與蹋頓、遼西單于樓班、右北平單于能臣抵之等將數萬騎逆軍。乃縱兵擊之，虜眾大崩，斬蹋頓及名王已下。遼東單于速僕丸與尚、熙奔遼東。九月，公自柳城還。遼東太守公孫康即斬尚、熙及速僕丸等，傳其首。

十三年春正月，公還鄴。夏六月，以公為丞相。秋七月，公南征劉表。八月，表卒，其子琮代，屯襄陽，劉備屯樊。九月，公到新野，琮遂降，備走夏口，公進軍江陵。十二月，孫權為備攻合肥。公自江陵征備，至赤壁，與備戰，不利，乃引軍還。備遂有荊州、江南諸郡。

十四年春三月，軍至譙，作輕舟，治水軍。秋七月，自渦入淮，出肥水，軍合肥。十二月，軍還譙。

十五年冬，作銅爵臺。注引《魏武故事》載公十二月己亥令曰：「孤始舉孝廉，後徵為都尉，遷典軍校尉。值董卓之難，興舉義兵。後領兗州，破降黃巾三十萬眾。

又袁術僭號於九江，孤討禽其四將，獲其人眾，遂使術窮亡解沮，發病而死。及至袁紹據河北，兵勢強盛，但計投死為國，以義滅身。幸而破紹，梟其二子。又劉表自以為宗室，包藏奸心，據有荊州，孤復定之，遂平天下。身為宰相，人臣之貴已極，意望已過矣。前朝恩封三子為侯，固辭不受。今更欲受之，非欲復以為榮，欲以為外援，為萬安計。奉國威靈，仗鉞征伐，推弱以克強，處小而禽大，遂蕩平天下，不辱主命，可謂天助，非人力也。然封兼四縣，食戶三萬，何德堪之！今上還陽夏、柘、苦三縣，戶二萬，但食武平萬戶。」

十六年春正月，天子命公世子丕為五官中郎將，置官屬，為丞相副。注引《魏書》曰：「庚辰，天子報：減戶五千，分所讓三縣萬五千，封三子：植為平原侯，據為范陽侯，豹為饒陽侯，食邑各五千戶。」

是時關中諸將馬超、韓遂、楊秋、成宜、李堪等叛。秋七月，公西征。九月，進軍渡渭，大破之，斬成宜、李堪等，遂、超等走涼州，楊秋奔安定，關中平。

冬十月，軍自長安北征楊秋，圍安定，秋降。十二月，自安定還，留夏侯淵屯長安。

十七年春正月，公還鄴。天子割河內之蕩陰、朝歌、林慮，東郡之衛國、頓丘、東武陽、發干，鉅鹿之廮陶、曲周、南和，廣平之任城，趙之襄國、邯鄲、易陽以益魏郡。

冬十月，公征孫權。

十八年春正月，進軍濡須口，攻破權江西營，獲權都督公孫陽，乃引軍還。詔書并十四州復為九州。夏四月至鄴。

五月，天子使御史大夫郗慮持節，策命公為魏公，加九錫。秋七月，始建魏社稷宗廟。天子娉公三女為貴人，少者待年於國。九月，作金虎臺。十一月，初置尚書、侍中六卿。注引《魏氏春秋》曰：「以荀攸為尚書令，涼茂為僕射，毛玠、崔琰、常林、徐奕、何夔為尚書；王粲、杜襲、衛覬、和洽為侍中。」

十九年三月，天子使魏公位在諸侯王上，改授金璽、赤紱、遠遊冠。秋七月，公征孫權。

初，隴西宋建自稱河首平漢王，聚眾枹罕，改元，置百官，三十餘年。遣夏侯淵自興國討之。冬十月，屠枹罕，斬建，涼州平。公自合肥還，十二月，公至孟津。天子命公置旄頭，宮殿設鍾虡。

二十年春正月，天子立公中女為皇后。

三月，公西征張魯。夏四月，公自陳倉以出散關，至河池。秋七月，公至陽平，巴漢皆降。

十一月，劉備襲劉璋，取益州，遂據巴中，遣張郃擊之。

十二月，公自南鄭還，留夏侯淵屯漢中。

二十一年春二月，公還鄴。夏五月，天子進公爵為魏王。

冬十月治兵，遂征孫權。十一月至譙。

二十二年春正月，王軍居巢。二月，進軍屯江西郝谿。權在濡須口築城拒守，遂逼攻之，權退走。三月，王引軍還。

夏四月，天子命王設天子旌旗，出入稱警蹕。五月，作泮宮。冬十月，天子命王冕十有二旒，乘金根車，駕六馬，設五時副車，以五官中郎將丕為魏太子。

二十三年秋七月，治兵，遂西征劉備。九月，至長安。

二十四年春正月，夏侯淵與劉備戰於陽平，為備所殺。三月，王自長安出斜谷，軍遮要以臨漢中，遂至陽平，備因險拒守。夏五月，引軍還長安。

秋七月，以夫人卞氏為王后。遣于禁助曹仁擊關羽。八月，漢水溢，灌禁軍；軍沒，羽獲禁，遂圍仁，使徐晃救之。

冬十月，軍還洛陽。孫權遣使上書，以討關羽自效。王自洛陽南征羽，未至，晃攻羽，破之。羽走，仁圍解。王軍摩陂。

二十五年春正月，王至洛陽。權擊斬羽，傳其首。庚子，王崩於洛陽，年六十六。二月丁卯，葬高陵。

**母卞氏**，琅邪開陽人，生文帝丕、任城威王彰、陳思王植、蕭懷王熊。

《魏志・武宣卞皇后傳》云：

武宣卞皇后，琅邪開陽人，文帝母也。年二十，太祖於譙納后為妾。建安初，丁夫人廢，遂以后為繼室。諸子無母者，太祖皆令后養之。二十四年，拜為王后。二十五年，太祖崩，文帝即王位，尊后曰王太后。及踐阼，尊后曰皇太后，稱永壽宮。明帝即位，尊太后曰太皇太后。

太和四年春，明帝乃追謚太后祖父廣曰開陽恭侯，父遠曰敬侯。祖母周封陽都君及恭侯夫人，皆贈印綬。其年五月，后崩。七月，合葬高陵。

植兄弟二十五人，姊妹六人。惟文帝丕，任城威王彰，蕭懷王熊與植為同母兄弟。其他異母兄弟，凡二十一人。

《魏志・武文世王公傳》云：

武皇帝二十五男：卞皇后生文皇帝、任城威王彰、陳思王植、蕭懷王熊，劉夫人生豐湣王昂、相殤王鑠，環夫人生鄧哀王沖、彭城王據、燕王宇，杜夫人生沛穆王林、中山恭王袞，秦夫人生濟陽懷王玹、陳留恭王峻，尹夫人生范陽閔王矩，王昭儀生趙王幹，孫姬生臨邑殤公子上、楚王彪、剛殤公子勤，李姬生穀城殤公子乘、郿戴公子整、靈殤公子京，周姬生樊安公均，劉姬生廣宗殤公子棘，宋姬生東平靈王徽，趙姬生樂陵王茂。

《魏志・文帝紀》云：

**文皇帝諱丕**，字子桓，武帝太子也。中平四年冬，生於譙。建安十六年，為五官中郎將，副丞相。二十二年，立為魏太子。太祖崩，嗣位為丞相、魏王。改建安二十五年為延康元年。元年二月壬戌，以太中大夫賈詡為太尉，御史大夫華歆為相國，大理王朗為御史大夫。

六月辛亥，治兵於東郊，庚午，遂南征。秋七月，甲午，軍次於譙，大饗六軍及譙父老百姓於邑東。冬十月丙午，行至曲蠡。

漢帝以眾望在魏，乃召羣公卿士，告祠高廟。使兼御史大夫張音持節奉璽綬禪位。乃為壇於繁陽，庚午，王升壇即阼。事訖，改延康為黃初。

黃初元年十一月癸酉，以河內之山陽邑萬戶，奉漢帝為山陽公。追尊皇祖太王曰太皇帝，考武王曰武皇帝。尊王太后曰皇太后。十二月，初營洛陽宮，戊午，幸洛陽。

是歲，長水校尉戴陵諫不宜數行弋獵。帝大怒，陵減死罪一等。

二年春正月，校獵至原陵。初令郡國口滿十萬者，歲察孝廉一人。其有秀異，無拘戶口。詔以議郎孔羨為宗聖侯，邑百戶，奉孔子祀。夏四月，以車騎將軍曹仁為大將軍。六月丁卯，夫人甄氏卒。

秋八月，孫權遣使奉章，并遣于禁等還。丁巳，使太常邢貞持節拜權為大將軍，封吳王，加九錫。冬十月已卯，以大將軍曹仁為大司馬。十二月，行東巡。

三年春正月庚午，行幸許昌宮。二月，鄯善、龜茲、于闐王各遣使奉獻。是後西域遂通，置戊己校尉。

三月乙丑，立齊公叡為平原王，帝弟鄢陵公彰等十一人皆為王。初制：封王之庶子為鄉公，嗣王之庶子為亭侯，公之庶子為亭伯。甲午，行幸襄邑。夏四月戊申，立鄄城侯植為鄄城王。癸亥，行還許昌宮。五月，以荊、揚、江表八郡為荊州，孫權領牧故也。荊州江北諸郡為郢州。

閏月，孫權破劉備於夷陵。八月，蜀大將黃權率眾降。

冬十月，孫權復叛。復郢州為荊州。帝自許昌南征，諸軍兵並進，權臨江拒守。十一月辛丑，行幸宛。

四年春正月，築南巡臺於宛。三月丙申，行自宛，還洛陽宮。丁未，大司馬曹仁薨。

六月甲戌，任城王彰薨於京都。甲申，太尉賈詡薨。是月大雨，伊、洛溢，流殺人民，壞廬宅。秋八月丁卯，以廷尉鍾繇為太尉。辛未，校獵於滎陽，遂東巡。九月甲辰，行幸許昌宮。

五年春三月，行自許昌，還洛陽宮。夏四月，立太學，制五經課試之法，置《春秋穀梁》博士。秋七月，行東巡，幸許昌宮。八月，為水軍，親御龍舟，循蔡、潁浮淮，幸壽春、揚州界。九月，遂至廣陵。冬十月乙卯，行還許昌宮。

十二月，詔曰：「自今其敢設非祀之祭，巫祝之言，皆以執左道論，著於令典。」

六年春三月，行幸召陵，通討虜渠。乙巳，還許昌宮。辛未，帝為舟師東征。五月戊申，幸譙。八月，帝遂以舟師自譙循渦入淮，從陸道幸徐。九月，築東巡臺。冬十月，行幸廣陵故城，臨江觀兵。是歲大寒，水道冰，舟不得入江，乃引還。十二月，行自譙過梁，遣使以太牢祀故漢太尉橋玄。

七年春正月壬子，行還洛陽宮。夏五月丙辰，帝疾篤，召中軍大將軍曹真、鎮軍大將軍陳羣、征東大將軍曹休、撫軍大將軍司馬宣王，並受遺詔，輔嗣主。丁巳，帝崩於嘉福殿，時年四十。六月戊寅，葬首陽陵。

《魏志・任城威王彰傳》云：

**彰字子文**，少善射御，膂力過人，數從征伐，志意慷慨。建安二十一年，封鄢陵侯。二十三年，代郡烏丸反，以彰為北征中郎將，行驍騎將軍。彰北征，入涿郡界，叛胡數千騎卒至；用田豫計，固守要隙，虜乃退散。彰追之，身自搏戰，乘勝逐北，至於桑乾，所向皆破，北方悉平。

時太祖在長安，召彰詣行在。太祖東還，以彰行越騎將軍，留長安。太祖至洛陽，得疾，驛召彰，未至，太祖崩。文帝即王位，彰與諸侯就國。黃初二年，進爵為公。三年，立為任城王。四年，朝京都，疾薨於邸，謚曰威。

《魏志・蕭懷王熊傳》云：

**蕭懷王熊**，早薨。黃初二年追封，謚蕭懷公。黃初三年，又追封爵為王。

又異母兄弟二十一人，俱見〈武文世王公傳〉。

《魏志‧武文世王公傳》云：

**豐愍王昂**，字子修。弱冠舉孝廉。隨太祖南征，為張繡所害。無子。黃初二年追封，謚曰豐悼公。五年，追加昂號曰豐悼王。太和三年，改昂謚曰愍王。

**相殤王鑠**，早薨，太和三年追封謚。

**鄧哀王沖**，字倉舒。少聰察岐嶷，生五六歲，智意所及，有若成人之智。太祖數對羣臣稱述，有欲傳後意。年十三，建安十三年疾病，太祖親為請命。及亡，哀甚，言則流涕。為娉甄氏亡女與合葬，贈騎都尉印綬，命宛侯據子琮奉沖後。二十二年，封琮為鄧侯。黃初二年，追贈謚沖曰鄧哀侯，又追加號為公。太和五年，加沖號曰鄧哀王。

**彭城王據**，建安十六年封范陽侯。二十二年，徙封宛侯。黃初二年，進爵為公。三年，為章陵王，其年，徙封義陽。文帝以南方下濕，又以環太妃彭城人，徙封彭城。又徙封濟陰。太和六年，改封諸王皆以郡為國，據復封彭城。

**燕王宇**，字彭祖。建安十六年，封都鄉侯。二十二年，改封魯陽侯。黃初二年，進爵為公。三年，為下邳王。太和六年，改封燕王。明帝少與宇同止，常愛異之。及即位，寵賜與諸王殊。青龍三年，徵入朝。景初元年還鄴。二年夏，復徵詣京都。冬十二月，明帝疾篤，拜宇為大將軍，屬以後事。受署四日，宇固深讓，帝意亦變，遂免宇官。三年夏，還鄴。常道鄉公奐，宇之子，入繼太宗。

**沛穆王林**，建安十六年封饒陽侯。二十二年徙封譙。黃初二年進爵為公。三年，為譙王。七年，徙封鄄城。太和六年，改封沛。

**中山恭王袞**，建安二十一年封平鄉侯。少好學，年十餘歲能屬文。每讀書，文學左右常恐以精力為病，數諫止之。然性所樂，不能廢也。黃初二年，進爵為公。三年，為北海王。其年黃龍見鄴西漳水，袞上書贊頌，詔賜黃金十斤。詔曰：「昔唐叔歸禾，東平獻頌，斯皆骨肉讚美，以彰懿親。王精研墳典，耽味道真，文雅炳煥，朕甚嘉之。王其克慎明德，以終令聞。」七年，徙封濮陽。太和二年就國，尚儉約，教敕妃妾紡績織紝，習為家人之事。五年冬，入朝。六年，改封中山。青龍三年秋，袞得疾病，其年薨。使大鴻臚持節典護喪事，宗正吊祭，贈賵甚厚。凡所著文章二萬餘言，才不及陳思，而好與之侔。

**濟陽懷王玹**，建安十六年封西鄉侯。早薨，無子。文帝以沛王林子贊襲玹爵邑。早薨，無子。文帝復以贊弟壹紹玹後。黃初二年，改封濟陽侯。四年，進爵為公。太和四年，追進玹爵，謚曰懷公。六年，又進號曰懷王。

**陳留恭王峻**，字子安。建安二十一年封鄖侯。二十二年徙封襄邑。黃初二年，進爵為公。三年，為陳留王。五年，改封襄邑縣。太和六年，又封陳留。甘露四年薨。

**范陽閔王矩**，早薨，無子。建安二十二年以樊安公均子敏奉矩後，封臨晉侯。黃初三年，追封謚矩為范陽閔公。五年，改封敏范陽王。太和六年，追封矩號曰范陽閔王。

**趙王幹**，建安二十年封高平亭侯。二十二年徙封賴亭侯，其年改封弘農侯。黃初二年，進爵，徙封燕公。三年，為河間王。太和六年改封趙王。幹母有寵於太祖，及文帝為嗣，幹母有力。文帝臨崩，有遺詔，是以明帝常加恩意。

**臨邑殤公子上**，早薨。太和五年，追封謚，無後。

**楚王彪**，字朱虎。建安二十一年封壽春侯。黃初二年，進爵，徙封汝陽公。三年，封弋陽王。其年徙封吳王。五年，改封壽春縣。七年，徙封白馬。太和五年冬，朝京都。六年，改封楚。嘉平元年，兗州刺史令狐愚與太尉王淩謀迎彪都許昌，乃遣傅及侍御史就國按驗，收治諸相連及者。廷尉請徵彪治罪，彪乃自殺。

**剛殤公子勤**，早薨。太和五年追封諡，無後。

**穀城殤公子乘**，早薨。太和五年追封諡，無後。

**郿戴公子整**，奉從叔父郎中紹後。建安二十二年封郿侯。二十三年薨，無子。黃初二年追進爵，諡曰戴公。

**靈殤公子京**，早薨。太和五年追封諡。無後。

**樊安公均**，奉叔父薊恭公彬後。建安二十二年封樊侯。二十四年薨，子抗嗣。黃初二年追進公爵，諡曰安公。

**廣宗殤公子棘**，早薨。太和五年追封諡，無後。

**東平靈王徽**，奉叔父朗陵哀侯玉後。建安二十二年封歷城侯。黃初二年，進爵為公。三年，為廬江王。四年，徙封壽張王。五年，改封壽張縣。太和六年，改封東平。

**樂陵王茂**，建安二十二年封萬歲亭侯。二十三年改封平輿侯。黃初二年，進爵，徙封乘氏公。七年，徙封中丘。茂性慠佷，少無寵於太祖。及文帝世，又獨不王。太和元年徙封聊城公，其年為王。正始五年徙封樂陵。

**植姊妹可考者六人：曰節，曰憲，曰華，曰清河長公主，曰安陽公主，曰金鄉公主。**

《後漢書・皇后紀》曰：

**獻穆曹皇后諱節**，魏公曹操之中女也。建安十八年，操進三女：憲、節、華為夫人。十九年並拜為貴人。及伏皇后被弒，明年，立節為皇后。

《三國職官表》曰：

按太祖五〔六〕女：一為漢獻帝節皇后，一〔二〕為漢獻帝貴人；一為清河長公主，適夏侯楙；一為金鄉公主，適何晏；一為安陽公主，適荀惲。

《三國會要》曰：

太祖女：清河長公主適夏侯楙，安陽公主適荀惲，金鄉公主適何晏。

**妻崔氏**，中尉崔琰之姪女也。因衣繡為魏武賜死，後妻不詳。

《魏志・崔琰傳》云：

植，琰之兄女婿也。

《世語》曰：

植妻衣繡，太祖登臺見之，以違制命，還家賜死。（〈崔琰傳〉注引）

**植子女可考者四人：長子苗，次子志；長女金瓠，次女行女。**

〈封二子為公謝恩章〉云：

詔書：封臣息男苗為高陽鄉公，志為穆鄉公。（《藝文類聚》卷五十一引）

金瓠，見植〈金瓠哀辭〉；行女見植〈行女哀辭〉。（俱見《藝文類聚》卷三四）

# 三、宗族

曹植社會關係頗廣，其在魏宗室中，有曹仁、曹洪、曹休、曹真、曹爽等。

## 大司馬曹仁

《魏志・曹仁傳》云：

仁字子孝，太祖從弟也。從太祖為別部司馬，行厲鋒校尉。太祖之破袁術，仁所斬獲頗多。太祖平黃巾，迎天子都許，仁數有功，拜廣陽太守。太祖與袁紹久相持於官渡，紹遣劉備徇㶏彊，諸縣多舉眾應之，太祖以為憂。仁曰：「備新將紹兵，未能得其用；擊之，可破也。」太祖善其言，遂使將騎擊備，破走之。紹遣別將韓荀鈔斷西道，仁擊荀於雞落山，大破之，由是紹不敢分兵出。復與史渙鈔紹運車，燒其糧穀。河北既定，錄仁前後功，封都亭侯。從平荊州，以仁為征南將軍，留屯江陵，拒吳將周瑜。瑜將數萬眾來攻，前鋒數千人始至，仁遣部曲將牛金逆與挑戰，賊多金兵少，遂為所圍。仁披甲上馬，直前衝入賊圍，金等乃得解。三軍服其勇，太祖益壯之，轉封安平亭侯。

太祖討馬超，以仁行安西將軍，督諸將拒潼關，破超渭南。復以仁行征南將軍，假節，屯樊，鎮荊州。侯音以宛叛，仁率諸軍攻破音，斬其首。還屯樊，即拜征南將軍。關羽攻樊，時漢水暴溢，于禁等七軍皆沒，禁降羽。仁人馬數千人守城，城不沒者數板。羽乘船臨城，圍數重，外內斷絕，仁激厲將士，示以必死。徐晃救至，仁得潰圍出，羽退走。

文帝即王位，拜仁車騎將軍，都督荊、揚、益州諸軍事，進封陳侯。孫權遣將陳邵據襄陽。仁與徐晃攻破邵，遂入襄陽。文帝即拜仁大將軍，遷大司馬。復督諸軍據烏江，還屯合肥。黃初四年薨，子泰嗣。

## 驃騎將軍曹洪

《魏志・曹洪傳》云：

洪字子廉，太祖從弟也。太祖起義兵討董卓，至滎陽，為卓將徐榮所敗。太祖失馬，賊追甚急。洪下，以馬授太祖；遂步從到汴水，與太祖俱濟，還奔譙。太祖征徐州，張邈舉兗州叛迎呂布。時大饑荒，洪將兵在前，先據東平、范，聚穀糧以繼軍。以前後功，拜鷹揚校尉，遷揚武中郎將。天子都許，拜洪諫議大夫。別征劉表，破表別將於舞陽、陰葉、堵陽、博望有功，遷厲鋒將軍，封國明亭侯。累從征伐，拜都護將軍。文帝即位，為衛將軍，遷驃騎將軍，進封野王侯，位特進；後徙封都陽侯。明帝即位，拜後將軍，更封樂城侯，邑千戶，位特進。太和六年薨。

## 大司馬曹休

《魏志・曹休傳》云：

休字文烈，太祖族子也。年十餘歲，喪父。太祖使與文帝同止，見待如子。常從征伐，使領虎豹騎宿衛。劉備遣將吳蘭屯下辯，太祖遣曹洪征之，以休為騎都尉，參洪軍事。太祖謂休曰：「汝雖參軍，其實帥也。」洪聞此令，亦委事於休。備遣張飛屯固山，欲斷軍後。休曰：「宜及其未集，促擊蘭；蘭破，則飛自走矣。」洪從之，進兵擊蘭，大破之，飛果走。太祖拔漢中，諸軍還長安，拜休中領軍。文帝即王位，為領軍將軍。錄前後功，封東陽亭侯。夏侯惇薨，以休為鎮南將軍，假節，都督諸軍事。孫權遣將屯歷陽，休到，擊破之。又別遣兵渡江，燒賊蕪湖營數千家，遷征東將軍，領揚州刺史，進封安陽鄉侯。帝征孫權，以休為征東大將軍，假黃鉞，督張遼等及諸州郡二十餘軍，擊權大將呂範等於洞浦，破之，拜揚州牧。明帝即位，進封長平侯。吳將審悳屯皖，休擊破之，斬悳首。吳將韓綜、翟丹等，前後率眾詣休降。遷大司馬，都督揚州如故。太和二年，賊將偽降，休深入，戰不利；士卒亂，棄甲兵輜重甚多。休上書謝罪，因此癰發背薨。子肇嗣，肇有當世才度，為散騎常侍，屯騎校尉。正始中薨，追贈衛將軍。

## 大司馬曹真

《魏志・曹真傳》云：

真字子丹，太祖族子也。太祖起兵，真父邵募徒眾，為州郡所殺。太祖哀真少孤，收養與諸子同，使與文帝同止。常獵，為虎所逐，顧射虎，應聲而倒。太祖壯其鷙勇，使將虎豹騎討靈丘賊，拔之，封靈壽亭侯。以偏將軍將兵，擊劉備於下辯，破之，拜中堅將軍。從至長安，領中領軍。是時，夏侯淵沒於陽平，太祖憂之。以真為征南護軍，督徐晃等，擊破劉備別將高詳於陽平。太祖自至漢中，拔出諸軍。使真至武都，迎曹洪等，還屯陳倉。文帝即王位，以真為鎮西將軍，假節，都督雍、涼州諸軍事。錄前後功，進封東鄉侯。黃初三年，還京都，以真為上軍大將軍，都督中外諸軍事，假節鉞；與夏侯尚等征孫權，擊牛渚屯，破之。轉拜中軍大將軍，加給事中。七年，文帝寢疾，真與陳羣，司馬宣王等受遺詔輔政。明帝即位，進封邵陵侯，遷大將軍。諸葛亮圍祁山，南安、天水、安定三郡反，應亮。帝遣真督諸軍軍郿，遣張郃擊亮將馬謖，大破之，三郡皆平。四年朝洛陽，遷大司馬。（五年）真薨，謚曰元侯，子爽嗣。帝追思其功，悉封真五子：羲、訓、則、彥、皚皆為列侯。

## 大將軍曹爽

《魏志・曹爽傳》云：

爽字昭伯，少以宗室謹重，明帝在東宮，甚親愛之。及即位，為散騎侍郎，累遷城門校尉，加散騎常侍，轉武衛將軍，寵待有殊。帝寢疾，乃引爽入臥內，拜大將軍，假節鉞，都督中外諸軍事，錄尚書事，與太尉司馬宣王並受遺詔，輔少主。明帝崩，齊王即位，加爽侍中，改封武安侯。賜劍履上殿，入朝不趨，贊拜不名。丁謐畫策，使爽白天子發詔，轉宣王為太傅，外以名號尊之，內欲令尚書奏事，先來由己，得制其輕重也。爽弟羲，為中領軍；訓，武衛將軍；彥，散騎常侍，侍講；其餘諸弟，皆以列侯侍從，出入禁闥，貴寵莫盛焉。南陽何晏、鄧颺、李勝、沛國丁謐、東平畢軌，咸有聲名，進趣於時。明帝以其浮華，皆抑黜之。及爽秉政，乃復進敘，任為腹心。

初，爽以宣王年德並高，恒父事之，不敢專行。及晏等進用，咸共推戴。說爽以權重不宜委之於人，乃以晏、颺、謐為尚書。晏典選舉，軌司隸校尉，勝河南尹。諸事希復由宣王，宣王遂稱疾避爽。晏等專政，州郡有司望風，莫敢忤旨。爽飲食車服，擬於乘輿，尚方珍翫，充牣其家。又擅取太樂樂器，武庫禁兵。作窟室，綺疏四周。數與晏等會其中，飲酒作樂。羲深以為大憂，數諫止之。又著書三篇，陳驕淫盈溢之致禍敗，辭旨甚切，託諸弟以示爽，宣王密為之備。

十年正月，車駕朝高平陵，爽兄弟皆從。宣王部勒兵馬，先據武庫，遂出屯洛水浮橋。奏罷爽、羲、訓吏兵，以侯就第，不得逗留，以稽車駕。會公卿朝臣廷議，以「爽親受先帝遺詔，託以天下，而包藏禍心，蔑棄顧命，乃與晏、颺及當等謀圖神器，皆為大逆不道。」於是收爽、羲、訓、晏、颺、謐、軌、勝、範、當等，皆伏誅，夷三族。

## 四、姻戚

魏姻戚中動望較著，與植不無淵源者，有任峻、夏侯惇及子楙、夏侯淵及子衡、夏侯尚及子玄、荀彧及子惲，又何晏、卞秉及子蘭、植妻叔崔琰並附其後。

### 典農中郎將任峻

《魏志·任峻傳》云：

峻字伯達，河南中牟人也。漢末擾亂，關東皆震。會太祖起關東，入中牟界，眾不知所從。峻獨與同郡張奮議，舉郡以歸太祖。峻又別收宗族及賓客家兵數百人，願從太祖。太祖大悅，表峻為騎都尉，妻以從妹，甚見親信。太祖每征伐，峻常居守以給軍。是時，歲饑旱，軍食不足。羽林監潁川棗祗建置屯田，太祖以峻為典農中郎將。數年中，所在積粟，倉廩皆滿。官渡之戰，太祖使峻典軍器糧運。賊數寇鈔絕糧道，乃使千乘為一部，十道方行，為複陳以營衛之，賊不敢近。軍國之饒，起於棗祗而成於峻。太祖以峻功高，乃表封為都亭侯，邑三百戶，遷長水校尉。

峻寬厚有度，而見事理，每有所陳，太祖多善之。建安九年薨，太祖流涕者久之。子先嗣。文帝追錄功臣，諡峻曰成侯。

## 伏波將軍夏侯惇及子楙

《魏志・夏侯惇傳》云：

惇字元讓，沛國譙人。太祖初起，惇常為裨將從征伐。太祖行奮武將軍，以惇為司馬；遷折衝校尉，領東郡太守。惇從征呂布，為流矢所中，傷左目。復領陳留、濟陰太守，加建武將軍，封高安鄉侯。時大旱，蝗蟲起，惇乃斷太壽水作陂，身自負土，率將士勸種稻，民賴其利。轉領河南尹。太祖平河北，遷伏波將軍，領尹如故。建安十二年，錄惇前後功，增封邑千八百戶，并前二千五百戶。二十四年，拜前將軍。文帝即王位，拜惇大將軍，數月薨。子充嗣。惇弟廉及子楙素自封列侯。初，太祖以女妻楙，即清河公主也。楙歷位侍中、尚書，安西、鎮東將軍，假節。

注引《魏略》曰：

楙字子林，惇中子也。文帝少與楙親。及即位，以為安西將軍、持節，承夏侯淵處都督關中。楙素無武略，而好治生。至太和二年，明帝西征，人有白楙者，遂召還為尚書。

## 征西將軍夏侯淵及子衡

《魏志・夏侯淵傳》云：

淵字妙才，惇族弟也。太祖起兵，以別部司馬、騎都尉從，遷陳留、潁川太守。及與袁紹戰於官渡，行督軍校尉。紹破，使督兗、豫、徐州軍糧。時軍食少，淵傳饋相繼，軍以復振。（建安）十四年，以淵行領軍。太祖征孫權還，使淵督諸將擊廬江叛者雷緒。緒破，又行征西護軍，督徐晃擊太原賊，斬賊帥商曜。又與太祖會安定，降楊秋。

十七年，太祖以淵行護軍將軍，督朱靈、路招等屯長安，擊破南山賊劉雄，降其眾。圍遂、超餘黨梁興於鄠，拔之，斬興，封博昌亭侯。

初，枹罕宋建因涼州亂，自號河首平漢王。太祖使淵帥諸將討建。淵至，圍枹罕，拔之，斬建，河西諸羌盡降，隴右平。太祖西征張魯，淵與太祖會休亭。會魯降，漢中平，以淵行都護將軍，督張郃、徐晃等平巴郡。太祖還鄴，留淵守漢中，即拜淵征西將軍。二十三年，劉備軍陽平關，淵率諸將拒之。二十四年正月，為備所襲，淵遂戰死。謚曰愍侯。

淵妻，太祖內妹。長子衡，尚太祖弟海陽哀侯女，恩寵特隆。衡襲爵，轉封安寧亭侯。

## 征南將軍夏侯尚及子玄

《魏志・夏侯尚傳》云：

尚字伯仁，淵從子也。文帝與之親友。太祖定冀州，尚為軍司馬，將騎從征伐，後為五官將文學。魏國初建，遷黃門侍郎。代郡胡叛，遣鄢陵侯彰征討之，以尚參彰軍事。定代地，還。太祖崩於洛陽，尚持節，奉梓宮還鄴。并錄前功，封平陵亭侯。拜散騎常侍，遷中領軍。文帝踐阼，更封平陵鄉侯，遷征南將軍，領荊州刺史，假節，都督南方諸軍事。尚奏「劉備別軍在上庸，若以奇兵潛行，出其不意，則獨克之勢也。」遂勒諸軍擊破上庸，平三郡九縣，遷征南大將軍。黃初三年，假鉞，進為牧。五年，徙封昌陵鄉侯。尚有愛妾嬖幸，寵奪嫡室；嫡室，曹氏女也。故文帝遣人絞殺之，尚悲感，發病恍惚。六年，尚疾篤，還京都，帝數臨幸，執手涕泣。尚薨，諡曰悼侯，子玄嗣。

玄字太初，少知名，弱冠為散騎黃門侍郎。正始初，曹爽輔政。玄，爽之姑子也。累遷散騎常侍、中護軍。頃之，為征西將軍，假節，都督雍、涼州諸軍事。爽誅，徵玄為大鴻臚。數年，徙太常。玄以爽抑絀，內不得意。中書令李豐遂結皇后父張緝，謀欲以玄輔政。豐既內握權柄，子尚公主；又與緝俱馮翊人，故緝信之。大將軍微聞其謀，請豐相見，豐不知而往，即殺之。事下有司，收玄、緝等送廷尉。於是豐、玄、緝等皆夷三族。玄格量弘濟，臨斬東市，顏色不變，舉動自若，時年四十六。〈傳〉注引《魏氏春秋》曰：「玄嘗著《樂毅》、《張良》及《本無肉刑論》，辭旨通遠，咸傳於世。」

## 侍中光祿大夫荀彧

《魏志・荀彧傳》云：

彧字文若，潁川潁陰人也。永漢元年，舉孝廉，拜守宮令。董卓之亂，棄官歸。會冀州牧同郡韓馥遣騎迎之，彧將宗族至冀州，而袁紹已奪馥位，待彧以上賓之禮。彧度紹終不能成大事。初平二年，彧去紹從太祖。太祖悅曰：「吾之子房也。」以為司馬，時年二十九。明年，太祖領兗州牧，後為鎮東將軍，彧常以司馬從。興平元年，太祖征陶謙，任彧留事。會張邈、陳宮以兗州反，潛迎呂布。彧知邈為亂，即勒兵設備，馳召東郡太守夏侯惇。惇至，夜誅謀叛者數十人，眾乃定。又與程昱計，使說范、東阿，卒全三城，以待太祖。太祖自徐州還，擊布濮陽，布東走。

太祖欲遂取徐州，還乃定布。彧曰：「將軍本以兗州首事，平山東之難，百姓無不歸心悅服。且河、濟天下之要地，不可不先定。」太祖乃止，復與布戰。布敗走，兗州遂平。

建安元年，太祖至洛陽，奉迎天子都許。天子拜太祖大將軍，荀彧為漢侍中，守尚書令，常居中持重。太祖雖征伐在外，軍國事皆與彧籌焉。

三年，太祖既破張繡，東禽呂布，定徐州，遂與袁紹相拒。彧曰：「紹兵雖多而法不整。田豐剛而犯上，許攸貪而不治。審配專而無謀，逢紀果而自用，此二人留知後事，攸必為變。顏良、文醜，一夫之勇耳，可一戰而禽也。」五年，與紹連戰，太祖保官渡，紹圍之。太祖軍糧方盡，書與彧，議欲還許。彧曰：「情見勢竭，必將有變，此用奇之時，不可失也。」太祖乃止。遂以奇兵襲紹別屯，斬其將淳于瓊等，紹退走。審配以許攸家不法，收其妻子，攸怒叛紹。顏良、文醜，臨陣授首；田豐以諫見誅，皆如彧所策。

六年，太祖欲因紹新破，以其間擊討劉表。彧曰：「今紹敗，其眾離心，宜乘其困遂定之；而背兗、豫，遠師江、漢，若紹收其餘燼，承虛以出人後，則公事去矣。」太祖復次於河上，紹病死。八年，太祖錄彧前後功，表封彧為萬歲亭侯。太祖以女妻彧長子惲，後稱安陽公主。十二年，復增彧邑千戶，合二千戶。

十七年，董昭等謂太祖宜進爵國公，九錫備物，以彰殊勳，密以諮彧。彧以為太祖本興義兵以匡朝寧國，秉忠貞之誠，守退讓之實。君子愛人以德，不宜如此。太祖由是心不能平。會征孫權，表請彧勞軍於譙，因輒留彧，以侍中光祿大夫持節參丞相軍事。太祖軍至濡須，或疾留壽春，以憂薨，時年五十。

子惲，嗣侯，官至虎賁中郎將。初，文帝與平原侯植並有擬論，文帝曲禮事彧。及彧卒，惲又與植善，而與夏侯尚不睦，文帝深恨惲。惲早卒，子甝、霬以外甥故，猶寵待。惲弟俁，御史中丞；俁弟詵，大將軍從事中郎；皆知名，早卒。詵弟顗，咸熙中為司空。惲子甝嗣，為散騎常侍，進爵廣陽鄉侯。霬官至中領軍。

## 侍中尚書何晏

《魏志・曹爽傳》云：

晏，何進孫也。母尹氏，為太祖夫人。晏長於宮省，又尚公主。少以才秀知名，好《老》、《莊》言，作《道德論》及諸文賦，著述凡數十篇。裴松之注云：「晏字平叔。」又引《魏略》曰：「太祖為司空時，納晏母，并收養晏。晏無所顧憚，服飾擬於太子；故文帝特憎之，每不呼其姓字，嘗謂之為『假子』。故黃初時，無所事任。及明帝立，頗為冗官。至正始初，曲合於曹爽；亦以才能故，爽用為散騎侍郎，遷侍中尚書。晏前以尚公主，得賜爵為列侯。晏為尚書，典選舉。其宿與之有舊者，多被拔擢。」

## 別部司馬卞秉及子蘭

《魏志・卞皇后傳》云：

初，太后弟秉以功封都鄉侯。黃初七年，進封開陽侯，邑千二百戶，為昭烈將軍。秉薨，子蘭嗣。少有才學，為奉車都尉、游擊將軍，加散騎常侍。蘭薨，子暉嗣。又分秉爵，封蘭弟琳為列侯，官至步兵校尉。蘭子隆女為高貴鄉公皇后，隆以后父為光祿大夫，位特進，封睢陽鄉侯。琳女又為陳留王皇后，時琳已沒，封琳妻劉為廣陽鄉君。

注引《魏書》曰：

東阿王植，太后少子，最愛之。後植犯法，為有司所奏。文帝令太后弟子奉車都尉蘭持公卿議白太后，太后曰：「不意此兒所作如是。汝還語帝，不可以我故壞國法。」及自見帝，不以為言。

又引《魏略》曰：

蘭獻賦贊，述太子德美。太子報曰：「賦者，言事類之所附也；頌者，美盛德之形容也。故作者不虛其辭，受者必當其實。蘭此賦，豈吾實哉？昔吾丘壽王一陳寶鼎，何武等徒以歌頌，猶受金帛之賜。蘭事雖不諒，義足嘉也，今賜牛一頭。」由是遂見親敬。

《魏略》又曰：

明帝時，蘭見外有二難（指吳、蜀與魏為敵）而帝留意於宮室。常因侍從，數切諫。帝雖不能從，猶納其誠款。後蘭苦酒消渴，時帝信巫女用水方。使人持水賜蘭，蘭不肯飲。詔問其意，蘭言：「治病自當以方藥，何信於此？」帝為變色，而蘭終不服。後渴稍甚，以至於亡。故時人見蘭好直言，謂帝面折之，而蘭自殺，其實不然。

## 中尉崔琰

《魏志・崔琰傳》云：

崔琰字季珪，清河東武城人。少好擊劍，尚武事。年二十三，始讀《論語》、

《韓詩》。至年二十九，乃就鄭玄受學。自去家，四年乃歸，以琴書自娛。大將軍袁紹聞而辟之，以為騎都尉。太祖破袁氏，領冀州牧，辟琰為別駕從事。太祖征并州，留琰傅文帝於鄴。

太祖為丞相，琰復為東西曹掾屬徵事。魏國初建，拜尚書。時未立太子，臨淄侯植有才而愛。太祖孤疑，以函令密訪於外；惟琰露板答曰：「蓋聞《春秋》之義，立子以長。加五官將仁孝聰明，宜承正統。琰以死守之。」植，琰之兄女婿也。太祖貴其公亮，喟然歎息。

後太祖為魏王，有白琰傲世怨謗者，於是罰琰為徒隸。使人視之，辭色不撓。太祖令曰：「琰雖見刑，而通賓客，門若市人。對賓客虬鬚直視，若有所瞋。」遂賜琰死。

## 五、師友

植生平師友關係較深，而事蹟見於傳注者，有邢顒、王粲、徐幹、劉楨、應瑒、陳琳、阮瑀、楊修、丁儀、丁廙、邯鄲淳、司馬孚、任嘏、鄭袤、楊俊、孔桂等。

## 太常邢顒

《魏志・邢顒傳》云：

顒字子昂，河間鄚人。舉孝廉，司徒辟，皆不就。太祖定冀州，辟顒為從事，時人稱之曰：「德行堂堂邢子昂。」更辟司空掾，除行唐令，勸民農桑，風化大行。入為丞相門下督，遷左馮翊，病，去官。是時，太祖諸子高選官屬，令曰：「侯家吏，宜得淵深法度如邢顒輩。」遂以為平原侯植家丞。顒防閑以禮，無所屈撓，由是不合。庶子劉楨書諫植曰：「家丞邢顒，北土之彥，少秉高節，玄靜澹泊，言少理多，真雅士也。楨誠不足同貫斯人，並列左右；而楨禮遇殊特，顒反疏簡。私懼觀者將謂君侯近習不肖，禮賢不足，採庶子之春華，忘家丞之秋實，為上招謗，其罪不小，以此反側。」後參丞相軍事，轉東曹掾。初，太子未定，而臨淄侯有寵，丁儀等並贊翼其美。太祖問顒，顒對曰：「以庶代宗，先世之戒也。願殿下深重察之！」太祖識其意，後遂以為太子少傅，遷太傅。文帝踐阼，為侍中尚書僕射，賜爵關內侯，出為司隸校尉，徙太常。黃初四年薨，子友嗣。

## 侍中王粲

《魏志・王粲傳》云：

粲字仲宣，山陽高平人。獻帝西遷，粲徙長安。左中郎將蔡邕見而奇之。時邕才學顯著，貴重朝廷，常車騎填巷，賓客盈坐。聞粲在門，倒屣迎之。粲至，年既幼弱，容狀短小，一坐盡驚。邕曰：「此王公孫也，有異才，吾不如也。吾家書籍文章盡當與之。」年十七，司徒辟，詔除黃門侍郎，以西京擾亂，皆不就。乃之荊州依劉表。表以粲貌寢而體弱通侻，不甚重也。表卒，粲勸表子琮，令歸太祖。太祖辟為丞相掾，賜爵關內侯，後遷軍謀祭酒。魏國既建，拜侍中。博物多識，問無不對。時舊儀廢弛，興造制度，粲恒典之。善屬文，舉筆便成，無所改定，時人以為宿搆。著詩、賦、論、議垂六十篇。建安二十一年，從征吳。二十二年春，道病卒，時年四十一。

## 司空軍謀祭酒掾屬徐幹

**丞相門下督陳琳**

**丞相倉曹掾屬阮瑀**

**丞相掾屬劉楨、應瑒**

《魏志・王粲傳》云：

始文帝為五官將，及平原侯植皆好文學。粲與北海徐幹字偉長、廣陵陳琳字孔璋、陳留阮瑀字元瑜、汝南應瑒字德璉、東平劉楨字公幹並見友善。

幹為司空軍謀祭酒掾屬、五官將文學。琳、瑀為司空軍謀祭酒，管記室。軍國書檄，多琳、瑀所作也。琳徙門下督，瑀為倉曹掾屬。

瑒、楨辟為丞相掾屬，瑒轉平原侯庶子，後為五官將文學。楨以不敬被刑，刑竟署吏。咸著文賦數十篇。

瑀以十七年卒，幹、琳、瑒、楨二十二年卒。文帝與元城令吳質書曰：「昔年疾疫，親故多罹其災，徐、陳、應、劉，一時俱逝。觀古今文人，類不護細行，鮮能以名節自立。而偉長獨懷文抱質，恬淡寡欲，有箕山之志，可謂彬彬君子矣。著《中論》二十餘篇，辭義典雅，足傳於後。德璉常斐然有述作之意，其才學足以著書，美志不遂，良可痛惜。孔璋章表殊健，微為繁富。公幹有逸氣，但未遒耳。元瑜書記翩翩，致足樂也。仲宣獨自善於辭賦，惜其體弱，不起其文；至於所善，古人無以遠過也。……諸子但為未及古人，自一時之儁也。」

注引《典論》曰：

今之文人，魯國孔融、廣陵陳琳、山陽王粲、北海徐幹、陳留阮瑀、汝南應瑒、東平劉楨，斯七子者，於學無所遺，於辭無所假，咸自以騁騏驥於千里，仰齊足而並馳。粲長於辭賦，幹時有逸氣，然非粲匹也。如粲之〈初征〉、〈登樓〉、〈槐賦〉、〈征思〉；幹之〈玄猿〉、〈漏巵〉、〈圓扇〉、〈橘賦〉，雖張、蔡不過也，然於他文未能稱是。琳、瑀之章表書記，今之儁也。應瑒和而不壯，劉楨壯而不密。孔融體氣高妙，有過人者；然不能持論，理不勝辭，至於雜以嘲戲；及其所善，揚、班之儔也。

又引《典略》曰：

粲才既高，辯論應機。鍾繇、王朗等雖各為魏卿相，然朝廷奏議，皆擱筆不能措手。

《典略》又曰：

琳作諸書及檄，草成呈太祖。太祖先苦頭風，是日疾發，臥讀琳所作，翕然而起曰：「此愈我病。」數加厚賜。太祖嘗使瑀作書與韓遂，時太祖適近出，瑀隨從，因於馬上具草，書成呈之。太祖臨筆欲有所更定，而竟不能增損。

《典略》又曰：

楨辭旨巧妙，特為諸公子所親愛。其後太子嘗〔宴〕請諸文學，酒酣坐歡，令夫人甄氏出拜。坐中眾人咸伏，而楨獨平視。太祖聞之，乃收楨，減死輸作。

又引《先賢行狀》曰：

幹清玄體道，六行修備，聰識洽聞，操翰成章，輕官忽祿，不耽世榮。太祖特加旌命，以疾休息。後除上艾長，又以疾不行。

## 丞相主簿楊修

《魏志·陳思王植傳》注引《典略》曰：

修字德祖，太尉彪子也。謙恭才博。建安中，舉孝廉，除郎中，丞相請署倉曹屬主簿。是時軍國多事，修總知內外，事皆稱意。自魏太子以下，並爭與交好。是時臨淄侯植以才捷愛幸，來意投修，數與修書。植後以驕縱見疏，而植故連綴修不止，修亦不敢自絕。至二十四年秋，公以修前後漏泄言教，交關諸侯，乃收殺之。修臨死，謂故人曰：「我固自以死之晚也。」其意以為坐曹植也。修死後百餘日而太祖薨，太子立，遂有天下。

## 西曹掾丁儀

《魏志・陳思王植傳》注引《魏略》曰：

丁儀字正禮，沛郡人也。父沖，夙與太祖親善，時隨乘輿。見國家未定，乃與太祖書曰：「足下平生常喟然有匡佐之志，今其時矣。」是時張、楊適還河內，太祖得其書，乃引軍迎天子東詣許，以沖為司隸校尉。太祖以沖前見開導，常德之。聞儀為令士，雖未見，欲以愛女妻之，以問五官將。五官將曰：「女人觀貌，而正禮目不便，誠恐愛女未必悅也。以為不如與伏波子楙。」太祖從之。尋辟儀為掾，到與論議，嘉其才朗。曰：「丁掾好士也，即使其兩目盲，尚當與女，何況但眇，是吾兒誤我。」時儀亦恨不得尚公主，而與臨淄侯親善，數稱其奇才。太祖既有意欲立植，而儀又共贊之。

## 黃門侍郎丁廙

廙字敬禮，儀之弟也。

《魏志・陳思王植傳》注引《文士傳》曰：

廙少有才姿，博學洽聞。初辟公府，建安中，為黃門侍郎。廙嘗從容謂太祖曰：「臨淄侯天性仁孝，發於自然。而聰明智達，其殆庶幾。至於博學淵識，文章絕倫。當今天下之賢才君子，不問少長，皆願從其遊而為之死。實天之所以鍾福於大魏，而永授無窮之祚也。」欲以勸動太祖。太祖答曰：「植，吾愛之，安能若卿言。吾欲立之為嗣，何如？」廙曰：「此國家之所以興衰，天下之所以存亡，非愚劣瑣賤者所敢與及。廙聞知臣莫若君，知子莫若父。蓋由相知非一事一物，相盡非一旦一夕。況明公加之以聖哲，習之以人子。今發明達之命，吐永安之言，可謂上應天命，下合人心，得之於須臾，垂之於萬世者也。廙不避斧鉞之誅，敢不盡言。」太祖深納之。

**博士邯鄲淳**

《魏志・王粲傳》注引《魏略》曰：

淳一名竺，字子叔。博學有才章，又善《蒼》、《雅》、蟲、篆、許氏字指。初平時，從三輔客荊州。荊州內附，太祖素聞其名，召與相見，甚敬異之。時五官將博延英儒，亦夙聞淳名，因啓淳，欲使在文學官屬中。會臨淄侯植亦求淳，太祖遣淳詣植。時世子未立，太祖俄有意於植，而淳屢稱植才，由是五官將頗不悅。及黃初初，以淳為博士給事中。淳作〈投壺賦〉千餘言，奏之。文帝以為工，賜帛千匹。

**黃門侍郎任嘏**

《魏志・王昶傳》注引《任嘏別傳》曰：

嘏，樂安博昌人，世為著姓。夙智早成，三年中，誦五經，皆究其義。兼包羣言，無不綜覽，於時學者號之神童。會太祖創業，召海內至德，嘏應其舉，為臨淄侯庶子、相國東曹掾屬、尚書郎。文帝時，為黃門侍郎。屢遷東郡、趙郡、河東太守，所至化行。著書三十八篇，凡四萬餘言。

## 尚書令司馬孚

郝經《續後漢書・司馬孚傳》云：

司馬孚字叔達，懿之弟也。溫厚廉讓，博涉經史，披閱不倦。臨淄侯妙選官屬，以孚為文學掾。及曹丕為太子，徙為太子中庶子。曹操卒，與尚書和洽備禁衛，具喪事奉丕即位。嗣君新立，轉孚為中書郎給事，常侍宿省內。除黃門侍郎，加騎都尉。曹叡立，轉為度支尚書。後除尚書右僕射，進爵昌平亭侯，遷尚書令。

## 光祿大夫鄭袤

《魏志・鄭渾傳》云：

鄭渾字文公，河南開封人也。高祖父眾，眾父興，皆為名儒。渾兄泰，與荀攸等謀誅董卓，為揚州刺史，卒。渾將泰小子袤，避難淮南，袁術賓禮甚厚，渾知術必敗。時華歆為豫章太守，素與泰善，渾乃渡江投歆。太祖聞其篤行，召為掾，復遷下蔡長、邵陵令，辟為丞相掾屬，遷左馮翊。

〈傳〉注引張璠《漢紀》曰：

泰字公業。少有才略，多謀計，名聞山東。何進輔政，徵用名士，以泰為尚書侍郎，加奉車都尉。後將軍袁術以為揚州刺史，未至官，道卒，時年四十一。

又引《晉陽秋》曰：

泰子袤，字林叔。泰與華歆、荀攸善，見袤曰：「鄭公業為不亡矣。」初為臨淄侯文學，稍遷至光祿大夫。子默字思玄。

《晉諸公贊》曰：默遵守家業，以篤素稱，位至太常。

**南陽太守楊俊**

《魏志・楊俊傳》云：

楊俊字季才，河內獲嘉人也。受學陳留邊讓，讓器異之。俊以兵亂方起，避地并州。太祖除俊曲梁長，入為丞相掾屬，遷南陽太守。宣德教，立學校，吏民稱之。徙為征南軍師。魏國既建，遷中尉。太祖征漢中，魏諷反於鄴。俊自劾，詣行在所，牋辭太子，太子不悅。遂被書，左遷平原太守。文帝踐祚，復在南陽。初，臨淄侯與俊善，太祖適嗣未定，密訪羣司。俊雖並論文帝、臨淄才分所長，不適有所據當。然稱臨淄尤美，文帝常以恨之。黃初三年，車駕至宛，以市不豐樂，發怒收俊。尚書僕射司馬宣王、常侍王象、荀緯請俊，叩頭流血，帝不許。俊曰：「吾知罪矣。」遂自殺。眾冤痛之。

## 騎都尉孔桂

《魏志・明帝紀》注引《魏略》曰：

桂字叔林，天水人也。建安初，數為將軍楊秋使詣太祖，太祖表拜騎都尉。每在左右，出入隨從。太祖既愛桂，五官將及諸侯亦皆親之。其後桂見太祖久不立太子，而有意於臨淄侯。因更親附臨淄侯，而簡於五官將，將甚銜之。及太祖薨，文帝即王位，未及致其罪。黃初元年，隨例轉拜駙馬都尉，而桂私受西域貨賂，許為人事。事發，有詔收問，遂殺之。

## 六、政敵

植政治上之對立面，多為五官將派。有賈詡、吳質、夏侯尚、夏侯楙、郭皇后、王昭儀、桓階、衛臻、毛玠、崔琰、邢顒、朱鑠、陳羣、司馬懿等，其他如灌均、王機、倉輯，并附其後。

### 太尉賈詡

《魏志・賈詡傳》云：

詡字文和，武威姑臧人也。董卓之入洛陽，詡以太尉掾為平津都尉，遷討虜校尉。後為左馮翊，更拜尚書，典選舉，多所匡濟。會母喪，去官，拜光祿大夫。張繡在南陽，詡陰結繡。繡遣人迎詡，詡遂往，繡執子孫禮。是後太祖拒袁紹於官渡，紹使人招繡，并與詡書結援，繡欲許之。詡曰：「不如從曹公。」繡從之，率眾歸太祖。太祖表詡為執金吾，封都亭侯。冀州未平，留參司空軍事。太祖領冀州牧，徙詡為太中大夫。太祖後與韓遂、馬超戰於渭南，一承用詡謀，卒破遂、超。

是時，文帝為五官將，而臨淄侯植才名方盛，各有黨羽，有奪宗之議。文帝使人問詡自固之術，詡曰：「願將軍恢崇德度，躬素士之業，朝夕孜孜，不違子道，如此而已。」文帝從之，深自砥礪。太祖又嘗屏除左右問詡，詡嘿然不對。太祖曰：「與卿言而不答，何也？」詡曰：「屬適有所思，故不即對耳。」太祖曰：「何思？」詡曰：「思袁本初、劉景升父子也。」太祖大笑，於是太子遂定。文帝即位，以詡為太尉。〈傳〉注引《魏略》曰：「文帝德詡之對太祖，故即位首登上司。」

## 振威將軍吳質

《魏志・王粲傳》云：

吳質，濟陰人。以文才為文帝所善，官至振威將軍。假節都督河北諸軍事，封列侯。

〈傳〉注引《魏略》曰：

吳質字季重，以才通學博，為五官將及諸侯所禮愛；質亦善處其兄弟之間，若前世樓君卿之游五侯矣。及河北平定，質出為朝歌長，後遷元城令。

又注引《世語》曰：

魏王嘗出征，世子及臨淄侯並送路側。植稱述功德，發言有章，左右屬目，王亦悅焉。世子悵然自失，吳質耳曰：「王當行，流涕可也。」及辭，世子泣而拜，王及左右咸歔欷。於是皆以植辭多華，而誠心不及也。

又《魏志・陳思王植傳》注引《世語》曰：

（楊）修與丁儀兄弟皆欲以植為嗣，太子患之，以車載廢簏，納朝歌長吳質與謀。修以白太祖，未及推驗，太子懼，告質。質曰：「何患？明日復以簏受絹車內以惑之。修必復重白，重白必推而無驗。則彼受罪矣。」世子從之。修果白而無人，太祖由是疑焉。

**征南將軍夏侯尚**——見前姻戚中。

**安西將軍夏侯楙**——見前姻戚中。

**王昭儀夫人**

《魏志・武文世王公傳》云：

王昭儀生趙王幹。幹母有寵於太祖。及文帝為嗣，幹母有力。文帝臨崩，有遺詔，是以明帝常加恩意。

## 文德郭皇后

《魏志・文德郭皇后傳》云：

郭皇后安平廣宗人也。早失二親，喪亂流離，沒入銅鞮侯家。太祖為魏公時，得入東宮。后有智數，時時有所獻納。文帝定為嗣，后有謀焉。太子即王位，后為夫人。及踐祚，為貴嬪。甄后之死，由后之寵也。黃初三年，遂立為后。

## 尚書令桓階

《魏志・桓階傳》云：

階字伯緒，長沙臨湘人也。太守孫堅舉階孝廉，除尚書郎。太祖定荊州，辟為丞相掾主簿，遷趙郡太守。魏國初建，為虎賁中郎將、侍中。時太子未定，而臨淄侯植有寵。階數陳文帝德優齒長，宜為儲副。公規密諫，前後懇至。文帝踐祚，遷尚書令，封高鄉亭侯，加侍中。

**尚書僕射毛玠**

《魏志・毛玠傳》云：

玠字孝先，陳留平邱人也。太祖臨兗州，辟為治中從事，轉幕府功曹。太祖為司空、丞相，玠嘗為東曹掾，與崔琰並典選舉。魏國初建，為尚書僕射，復典選舉。時太子未定，而臨淄侯植有寵。玠密諫曰：「近者袁氏嫡庶不分，覆宗滅國。廢立大事，非所宜聞」。

**中尉崔琰**——見前姻戚中。

**太常邢顒**——見前師友中。

## 太子太傅何夔

《魏志・何夔傳》云：

夔字叔龍，陳郡陽夏人也。魏國既建，拜尚書僕射。文帝為太子，以涼茂為太傅，夔為少傅。特命二傅與尚書東曹並選太子諸侯官屬。茂卒，以夔代茂。

〈傳〉注引《魏書》曰：

時丁儀兄弟方進寵，儀與夔不合。尚書傅巽謂夔曰：「儀不相好，已甚。子友毛玠，玠等儀已害之矣。子宜少下之。」夔終不屈志。

## 吏部尚書衛臻

《魏志・衛臻傳》云：

臻字公振，陳留襄邑人也。父茲，有大節。太祖之初至陳留，數詣茲議大事。從討董卓，戰於滎陽而卒。太祖追錄臻父舊勳，賜爵關內侯，轉為戶曹掾。文帝即王位，為散騎常侍。及踐阼，封安國亭侯。遷尚書，轉侍中、吏部尚書。初，太祖久不立太子，而方奇貴臨淄侯，丁儀等為之羽翼；勸臻自結，臻以大義拒之。

## 御史中丞陳羣

《魏志・陳羣傳》云：

羣字長文，潁川許昌人也。避難徐州，太祖辟為司空西曹掾屬，轉參丞相軍事。魏國既建，遷御史中丞，轉侍中，領丞相東西曹掾。文帝在東宮，深敬重焉，待以交友之禮。及即王位，封羣為昌武亭侯，徙為尚書。及踐阼，遷尚書僕射，加侍中，徙尚書令，進爵潁鄉侯。又以羣為鎮軍大將軍，領中護軍，錄尚書事。

## 太子中庶子司馬懿

《晉書・宣帝紀》云：

懿字仲達，河內溫縣人。少有奇節，聰朗多大略。博學洽聞，伏膺儒教。漢建安六年，郡舉上計掾。魏武聞其賢，辟為文學掾。遷黃門侍郎，轉議郎。魏國既建，遷太子中庶子。每與大謀，輒有奇策，為太子所信重。與陳羣，吳質，朱鑠，號曰四友。魏文帝即位，遷尚書，轉督軍御史中丞，封安國鄉侯。尋遷撫軍大將軍，假節。

## 中領軍朱鑠

鑠為魏太子四友之一，事蹟不詳。

《魏志・王粲傳》注引《（吳）質別傳》曰：

質黃初五年朝京師，詔上將軍及特進以下，皆會質所，大官給供具。酒酣，質欲盡歡。時上將軍曹真性肥，中領軍朱鑠性瘦，質召優使說肥瘦。真負貴，恥見戲，怒謂質曰：「卿欲以部曲將遇我耶？」遂罵坐。質拔劍曰：「曹子丹，何敢恃勢驕耶？」鑠因起曰：「陛下使吾等樂卿耳，乃至此耶？」質顧叱之曰：「朱鑠，敢壞坐！」諸將皆還坐。鑠性急，愈恚。拔劍斬地，遂便罷也。

## 監國謁者灌均

《魏志・陳思王植傳》云：

黃初二年，監國謁者灌均，希旨奏「植醉酒悖慢，劫脅使者。」有司請治罪，帝以太后故，貶爵安鄉侯。

又植〈寫灌均上事令〉云：

孤前令寫灌均所上孤章，三臺九府所奏事，及詔書一通，置之坐隅。孤欲朝夕諷詠，以自警誡也。（《御覽》卷五百九十三引）

**東郡太守王機**

**防輔吏倉輯監官等**

植〈黃初六年令〉云：

吾昔以信人之心，無忌於左右；深為東郡太守王機、防輔吏倉輯等枉所誣白。獲罪聖朝。機等吹毛求瑕，千端萬緒。及到雍，又為監官所舉，亦以紛若，於今復三年矣。（《類聚》卷五四，《文館詞林》卷六九五作〈自誡令〉）

# 編年

## 一、譜主之誕生

### （一）生年問題

植生年月日，概不見於史傳紀注。《魏志・明帝紀》云：「太和六年十一月庚寅，陳思王植薨」。〈本傳〉云：「十一年中而三徙都，常汲汲無歡，遂發疾薨。時年四十一。」如以植卒年四十一歲，自太和六年逆推之，當生於初平三年壬申（西元一九二年）。錢大昕《疑年錄》、吳榮光《歷代名人年譜》，所載均同，惟月日不詳。

### （二）生地問題

植誕生於何地？亦不見於記載。嘗考《魏志》：曹操於漢獻帝初平二年秋，引兵入兗州東郡，擊破黑山賊于毒、白繞、眭固等十餘萬眾。袁紹因表操為東郡太守，治東武陽。三年春，操因肅清境內殘寇，移軍頓丘，然頓丘為東郡屬縣。可知曹操當日領有東郡，不僅以東武陽為太守治所，且以為力征經營之前進根據地。曹氏舉家大小，當亦隨軍遷至東武陽矣。似此，植或誕生於東武陽。東武陽不僅為植誕生之地，亦曹魏王業肇基之所也。

## （三）誕生前夕

植生於漢末初平之季，內而董卓專擅朝政，廢立由己；外而黃巾劫略城邑，焚燔官府。各州牧郡守又皆擁兵自雄，并無撥亂救民之志。東漢王朝已呈分崩離析之局。曹丕〈自敘〉所云：

初平之元，董卓弒主鴆后，蕩覆王室。是時四海既困中平之政，兼惡董卓之凶逆，家家思亂，人人自危。山東牧守咸以《春秋》之義，「衛人討州吁於濮」；言人人皆得討賊。於是大興義兵，名豪大俠，富室強族，飄揚雲會，萬里相赴。兗、豫之師，戰於滎陽；河內之甲，軍於孟津。卓遂遷大駕，西都長安。而山東大者連郡國，中者嬰城邑，小者聚阡陌，以還相吞併。會黃巾盛於海嶽，山寇暴於并、冀，乘勝轉攻，席捲而南。鄉邑望煙而奔，城郭睹塵而潰。百姓死亡，暴骨如莽。（《魏志・文帝紀》注引）

按植生於東武陽之日，正值關東諸將聲討董卓之時。雖未幾董卓伏誅，然卓餘黨李傕、郭汜等又舉兵攻陷長安，殺王允，走呂布。各自開府，儀同三公，朝政益形紊亂。兼之黃巾四起，東漢王朝窮於應付，卒至土崩瓦解，不可收拾。由是劉焉據益州，劉表據荊州，袁術據揚州，袁紹據冀州，曹操據兗州，劉備據豫州，孫策據江東。其餘州郡，亦各據其郡之財賦甲兵，自相攻伐，互為兼併，不復奉漢廷之命矣。

## （四）同時人物年歲

漢獻帝初平三年，曹植生。

是年曹操三十八歲（漢桓帝永壽元年生）

曹丕七歲（漢靈帝中平四年生）

同時漢魏人物，年歲可考者如左：

鄭玄　六十六歲（漢順帝永建二年生）
蔡邕　六十一歲（漢順帝陽嘉元年生）
　　是年四月為王允所殺。
張溶　五十七歲（漢順帝永和元年生）
王允　五十六歲（漢順帝永和二年生）
程昱　五十二歲（漢順帝永和六年生）
　　是年六月為李傕所殺。
楊彪　五十一歲（漢順帝漢安元年生）
荀悅　四十五歲（漢桓帝建和二年生）
賈詡　四十五歲（漢桓帝建和二年生）
鍾繇　四十二歲（漢桓帝元嘉元年生）
孔融　四十　歲（漢桓帝永興元年生）

董昭　三十七歲（漢桓帝永壽二年生）
荀攸　三十六歲（漢桓帝永壽三年生）
華歆　三十六歲（漢桓帝永壽三年生）
管寧　三十五歲（漢桓帝延熹元年生）
崔琰　三十四歲（漢桓帝延熹二年生）
司馬懿三十四歲（漢桓帝延熹二年生）
胡昭　三十一歲（漢桓帝延熹五年生）
荀彧　三十　歲（漢桓帝延熹六年生）
嚴象　三十　歲（漢桓帝延熹六年生）
杜畿　三十　歲（漢桓帝延熹六年生）
曹仁　二十五歲（漢靈帝建寧元年生）
曹純　二十二歲（漢靈帝建寧四年生）

司馬朗二十二歲（漢靈帝建寧四年生）
徐幹　二十二歲（漢靈帝建寧四年生）
王淩　二十一歲（漢靈帝熹平元年生）
楊修　二十　歲（漢靈帝熹平二年生）
王粲　十六歲（漢靈帝熹平六年生）
吳質　十六歲（漢靈帝熹平六年生）
仲長統　十四歲（漢靈帝光和二年生）
韋誕　十四歲（漢靈帝光和二年生）

---

劉廙　十三歲（漢靈帝光和三年生）
荀緯　十一歲（漢靈帝光和五年生）
繆襲　八歲（漢靈帝中平三年生）
鄭小同　七歲（漢靈帝中平四年生）
鄭袤　四歲（漢靈帝中平六年生）
應璩　三歲（漢獻帝初平元年生）
王　基　三歲（漢獻帝初平元年生）
辛憲英　二歲（漢獻帝初平二年生）

## 二、初平時期凡二年（初平三年至四年）

**◉漢獻帝初平三年壬申（西元一九二年），曹植生**

**（一）植是年當留居東武陽治所。**

〈武帝紀〉：

初平三年春，太祖軍頓丘。（黑山賊于）毒等攻東武陽。太祖乃引兵西入山，攻毒等本屯。毒聞之，棄東武陽還。（《魏志》卷一）

按後漢時，東郡統有濮陽、燕、白馬、頓丘、東阿、東武陽、范、臨邑、博平、聊城、發干、樂平、陽平、衛、穀城等十五城。曹魏王業，肇基於此。

**（二）操破黃巾於壽張東，遂領有兗州。**

〈武帝紀〉：

初平三年夏四月，青州黃巾眾百萬入兗州，殺任城相鄭遂，轉入東平。劉岱欲擊之，鮑信諫曰：「今賊眾百萬，百姓皆震恐，士卒無鬥志，不可敵也；不若畜士眾之力，先為固守，彼欲戰不得，攻又不能，其勢必離散。後選精銳，據其要害，擊之，可破也。」岱不從，遂與戰，果為所殺。信乃與州吏萬潛等至東郡，迎太祖領兗州牧。遂進兵擊黃巾於壽張東，信力戰，鬥死，僅而破之。追黃巾至濟北，乞降。冬，受降卒三十餘萬，男女百餘萬口。收其精銳者，號為青州兵。（同上）

按曹操擊破黃巾後，遂領有兗州。兗州在後漢統有陳留、東郡、濟陰、山陽、泰山、任城、東平、濟北等八郡，治廩邱。廩邱漢屬濟陰。操將刺史治所移鄄城。鄄城舊亦屬濟陰，曹魏時始移屬東郡。

（三）是年漢末大經師盧植卒。植著有《尚書章句》、《三禮解詁》等。

按《續漢書》曰：

植字子幹。少事馬融，與鄭玄同門相友。植剛毅，有大節，不苟合取容。建寧中，徵博士，出補九江太守，以病去官。作《尚書章句》、《禮記解詁》。稍遷侍中尚書，以老病去位，隱居上谷軍都山，初平三年卒。太祖北征柳城，過涿郡，令告太守曰：「盧植名著海內，學為儒宗，士之楷模，乃國之楨幹也。孤到此州，嘉其餘風。敬遣丞掾修墳墓，并致薄醊，以彰厥德。」植有四子，毓最小。（《魏志》卷廿二〈盧毓傳〉注引）

## ◉初平四年癸酉（西元一九三年）二歲

**（一）當隨父操移駐鄄城。**

〈武帝紀〉：

四年春，軍鄄城。（《魏志》卷一）

《後漢書集解》注引馬與龍曰：

興平末，曹操領兗州，治鄄城。

《通鑑》胡注引宋白曰：

漢獻帝於鄄城置兗州，蓋操以刺史始治於此。（《漢紀》卷五三）

按鄄城春秋時為衛國鄄邑，漢屬濟陰郡，為兗州刺史治所。

（二）秋，曹操征徐州刺史陶謙，為父嵩復仇。

〈武帝紀〉：

初，太祖父嵩去官後還譙。董卓之亂，避亂琅邪，為陶謙所害。故太祖志在復仇東伐。（《魏志》卷一）

《世語》曰：

嵩在泰山華縣，太祖令泰山太守應劭送家詣兗州。劭兵未至，陶謙密遣數千騎掩捕。嵩家以為劭迎，不設備。謙兵至，殺太祖弟德於門中。嵩懼，穿後垣，先出其妾，妾肥，不能得出。嵩逃於廁，與妾俱被害，闔門皆死。（〈武帝紀〉注引）

韋曜《吳書》曰：

太祖迎嵩，輜重百餘輛。陶謙遣都尉張闓將騎二百衛送。闓於泰山華、費間殺嵩，取財物。太祖歸咎於陶謙，故伐之。（同上）

〈張邈傳〉：

張邈字孟卓，東平壽張人也。太祖、袁紹皆與相友。辟公府，以高第拜騎都尉，遷陳留太守。董卓之亂，太祖與邈首舉義兵。汴水之戰，邈遣衛茲將兵隨太祖。太

祖之征陶謙，敕家曰：「我若不還，往依孟卓。」後還見邈，垂泣相對。（《魏志》卷七）

（三）是年袁術殺揚州刺史陳溫，據淮南。孫策時受袁術使渡江，數年間，遂據有江東。公孫瓚擅殺大司馬領幽州牧劉虞，據有幽州，擁兵稱雄，而與袁紹互相攻伐。

## 三、興平時期凡二年（興平元年至二年）

◉興平元年甲戌（西元一九四年）三歲

（一）當仍留鄄城刺史治所

〈夏侯惇傳〉：

太祖征陶謙，留惇守濮陽。張邈叛迎呂布。太祖家在鄄城，惇輕車往赴。（《魏志》卷九）

（二）是年夏，操復征陶謙，會張邈、陳宮叛迎呂布，秋，遂還鄄城。

〈武帝紀〉：

夏，使荀彧、程昱守鄄城，復征陶謙，拔五城，遂略地至東海。會張邈、陳宮叛迎呂布，郡縣皆應。荀彧、程昱保鄄城，范、東阿二縣固守，太祖乃引軍還。布到，攻鄄城，不能下，西屯濮陽。太祖遂進軍攻之，布出兵戰。與布相守百餘日，蝗蟲起，百姓大餓。布糧食亦盡，各引去。秋九月，太祖還鄄城。（《魏志》卷一）

（三）是年秋七月，獻帝以劉璋為益州牧，孫策為懷義校尉，劉繇為揚州刺史。

時袁術在淮南，繇畏術不敢赴任，吳景、孫賁乃迎置曲阿。明年孫策東渡，繇悉眾與策戰，敗績。策遂入曲阿，盡虜繇妻子部曲。由是策據有江東，自領會稽太守，盡更置長吏。以吳景為丹陽太守，孫賁為豫章太守，賁弟輔為廬陵太守，丹陽朱治為吳郡太守。

（四）是年冬十二月，陶謙死，劉備兼領徐州。

〈先主傳〉：

謙表先主為豫州刺史，屯小沛。謙病篤，謂別駕麋竺曰：「非劉備不能安此州也。」謙卒，竺率州人迎先主，先主遂領徐州。（《蜀志》卷二）

◉興平二年乙亥（西元一九五年）四歲

（一）當仍留居鄄城。

（二）是年操收復兗州諸郡縣，聲勢復振。

〈武帝紀〉：

二年春，襲定陶。濟陰太守吳資保南城，未拔。會呂布至，又擊破之。夏，布將薛蘭，李封屯鉅野，太祖攻之。布救蘭，蘭敗，布走，遂斬蘭等。布復從東緡與陳宮將萬餘人來戰，太祖設伏，縱奇兵擊，大破之，布夜走。太祖復攻拔定陶，分兵平諸縣。張邈使其弟超將家屬保雍丘。秋八月，圍雍丘；十二月，雍丘潰，超自殺，夷邈三族。邈詣袁術請救，為其眾所殺，兗州平。（《魏志》卷一）

按定陶為兗州濟陰郡之首邑，雍丘又為陳留郡之重鎮。而東緡、鉅野亦當軍事要衝，呂布、張邈相為犄角。迨呂布敗走，定陶旋克，雍丘繼潰，邈、超夷滅，至是兗州八郡復入於曹魏。

**（三）獻帝詔拜操為兗州牧。**

〈武帝紀〉：

冬十月，天子拜太祖為兗州牧。（同上）

〈曹操傳〉：

操遣使貢方物，詔拜操兗州牧。（郝經《續後漢書》卷二五）

洪亮吉《補三國疆域志》：

漢興平二年，魏武為兗州牧，其地遂入於魏。得漢郡國八：陳留郡領縣十四，東郡領縣八，濟陰郡領縣九，山陽郡領縣七，泰山郡領縣十一，任城國統縣三，東平國統縣七，濟北國統縣五；治廩邱。

按兗州刺史治所，曹魏已由廩邱移於鄄城。

**（四）是年異母弟楚王彪生。**

錢大昕曰：

據彪以嘉平三年辛未賜死，年五十七。推其生年，當在興平二年乙亥。（《廿二史考異》卷十五）

（五）是年魏祕書監兼崇文館祭酒王肅生。

按《魏志．王肅傳》云：

肅字子雍，年十八，從宋衷讀《太玄》而更為之解。黃初中，為散騎黃門侍郎。太和三年，拜散騎常侍。後肅以常侍領祕書監兼崇文館祭酒。頃之，為侍中，遷太常。初，肅善賈、馬之學而不好鄭氏。采會異同，為《尚書》、《詩》、《論語》、《三禮》、《左氏》解，及撰定父朗所作《易傳》，皆列於學官。時樂安孫叔然，鄭玄之門人，稱東州大儒。徵為祕書監，不就。肅集《聖證論》以譏短玄，叔然駁而釋之。及作《周易》、《春秋例》、《毛詩》、《禮記》、《春秋三傳》、《國語》、《爾雅》諸注，又著書十餘篇。

（六）是年車騎將軍李傕殺右將軍樊稠，而與後將軍郭汜相攻，長安大亂。獻帝東遷，渡河，幸安邑。

# 四、建安時期凡廿四年（建安元年至廿四年）

## ◉建安元年丙子（西元一九六年）五歲

（一）是年春，當隨軍至武平。

〈武帝紀〉：

建安元年春正月，太祖軍臨武平，袁術所置陳相袁嗣降。（《魏志》卷一）。

按武平，後漢屬豫州陳國。《通鑑》胡三省注引宋白曰：「武平，亳州鹿邑縣。」

此為曹魏拓地豫州之始，亦為是年秋獻帝封操為武平侯張本。

（二）是年二月，操討平汝南潁川黃巾，拜建德將軍。

〈武帝紀〉：

汝南、潁川黃巾何儀、劉辟、黃邵、何曼等，眾各數萬。初應袁術，又附孫堅。

二月，太祖進軍討破之，斬辟、邵等，儀及其眾皆降，天子拜太祖建德將軍。夏六

月，遷鎮東將軍，封費亭侯。（同上）

按汝南、潁川為豫州名郡，地當衝要。操據有武平後，即討平汝南、潁川各地黃巾。辟、邵既滅，儀亦歸降，自是豫州各郡漸入於魏。而遷都許昌之謀，或亦定於此時。蓋許昌為潁川郡之首縣也。

**（三）是年秋，當隨操至洛陽，奉迎獻帝遷許。**

〈武帝紀〉：

太祖將迎天子，諸將或疑，荀彧、程昱勸之，乃遣曹洪將兵西迎。秋七月，楊奉、韓暹以天子還洛陽，奉別屯梁。太祖遂至洛陽，衛京都，暹遁走。天子假太祖節鉞，錄尚書事。洛陽殘破，董昭等勸太祖都許。九月，車駕出轘轅而東。以太祖為大將軍，封武平侯。自天子西遷，朝廷日亂，至是宗廟社稷制度始立。（同上）

徐天麟曰：

建安元年，楊奉、韓暹奉車駕還洛陽。是時宮室燒盡，百官披荊棘，依牆壁間。曹操在許，謀迎天子，荀彧勸之。操乃將兵詣洛陽，引董昭問計。昭曰：「將軍入朝，此下諸將未必服從。今留輔弼，事勢不便。惟有移駕幸許耳。」操曰：「此孤本

志也。」遂遷許。(《東漢會要》卷三七)

按許縣，後漢屬豫州潁川郡。獻帝都許後，始建立宮室武庫。黃初二年改稱許昌，遂與長安、洛陽、鄴、譙四地並為五都之一。

**(四)是年異母弟鄧哀王沖生。**

按沖傳略已見前。〈武文世王公傳〉注引《魏書》曰：

沖辨察仁愛，與性俱生。容貌姿美，有殊於眾。故特見寵愛。(《魏志》卷二十)

**◉建安二年丁丑(西元一九七年)六歲**

**(一)是年當留許都，保氏六藝教育或已開始。**

按漢末公卿大夫子弟，多習保氏六藝。曹植幼時，或亦未能例外。《周官・保氏》：「養國子以道，乃教之六藝。一曰五禮，二曰六樂，三曰五射，四曰五馭，五曰六書，六曰九數。」然六藝之中，五射與五馭當日尤為重視。

曹丕《典論・自敘》云：

余時年五歲，上以四方擾亂，教余學射，六歲而知射；又教余騎馬，八歲而能騎射矣。以時之多故，每征，余常從。（《魏志・文帝紀》注引）

似此五射與五馭，當為植幼年教育中之主要課目。

（二）是年春，操南征張繡，長子昂，弟子安民遇害。

〈武帝紀〉：

春正月，公到宛，張繡降。既而悔之，復反。公與戰，軍敗，為流矢所中。長子昂，弟子安民遇害，公乃引兵還舞陰。繡將兵來鈔，公擊破之，繡奔穰，遂還許。（《魏志》卷一）

〈張繡傳〉：

繡，武威祖厲人，驃騎將軍濟族子也。濟屯弘農，士卒饑餓，南攻穰，為流矢所中，死。繡領其眾，屯宛，與劉表合。太祖南征，軍淯水，繡等率眾降。太祖納濟妻，繡恨之。太祖聞其不悅，密有殺繡之計。計漏，繡掩襲太祖，太祖軍敗，二子沒。（《魏志》卷八）

〈武文世王公傳〉：

豐愍王昂字子修。弱冠舉孝廉，隨太祖南征，為張繡所害，無子。（《魏志》卷二十）

《世語》曰：

昂不能騎，進馬於公，公故免，而昂遇害。（《魏志・武帝紀》注引）

曹丕《典論・自敘》：

建安初，上南征荊州，至宛，張繡降。旬日而反，亡兄孝廉子修，從兄安民遇害。時余年十歲，乘馬得脫。（《魏志・文帝紀》注引）

（三）是年春，袁術稱帝，殺故兗州刺史金尚。秋侵陳，操破走之。

《典略》曰：

（金）元休名尚，京兆人也。獻帝初，為兗州刺史。東之郡，而太祖已臨兗州。尚南依袁術，術僭號，欲以尚為太尉，不敢顯言，使人諷之，尚無屈意，術亦不敢強也。建安初，尚逃還，為術所害。（《魏志》卷七〈張邈傳〉注引）

〈武帝紀〉：

袁術欲稱帝於淮南，使人告呂布。布收其使，上其書。術怒，攻布，為布所破。

秋九月，侵陳。公東征之，術聞公來，棄軍走，留其將橋蕤、李豐、梁綱、樂就。公到，擊破蕤等，皆斬之。術走渡淮。公還許。（《魏志》卷一）。

（四）是年獻帝以侍中鍾繇為司隸校尉，督關中諸軍。

〈鍾繇傳〉：

時關中諸將馬騰、韓遂等，各擁強兵相與爭。太祖方有事於山東，以關右為憂，乃表繇以侍中守司隸校尉，持節督關中諸軍，委之以後事。（《魏志》卷十三）

（五）是年獻帝以袁紹為大將軍，兼督冀、青、幽、并四州。以呂布為左將軍，孫策為會稽太守。

◉建安三年戊寅（西元一九八年）七歲

（一）當仍留許都，學習六藝。

（二）是年春正月，操自舞陰還許。

〈武帝紀〉：

二年冬十一月，公自南征，至宛。表將鄧濟據湖陽，攻拔之，生禽濟，湖陽降。攻舞陰，下之。三年春正月，公還許。（《魏志》卷一）

（三）是年秋七月，操自穰還許。

〈武帝紀〉：

三月，公圍張繡於穰。夏五月，劉表遣兵救繡，以絕軍後。公將引還，繡兵來，公軍不得進，連營稍前。到安眾，繡與表兵合守險，公軍前後受敵。公乃夜鑿險為地道，悉過輜重，設奇兵。會明，賊謂公為遁也。悉軍來追，乃縱奇兵，步騎夾攻，大破之。秋七月，公還許。（同上）

（四）是年秋九月，操東征呂布，殺之，遂定徐州。

〈武帝紀〉：

九月，公東征布。冬十月，屠彭城，獲其相侯諧。進至下邳，布自將騎逆擊。大破之，獲其驍將成廉。追至城下，用荀攸、郭嘉計，遂決泗、沂水以灌城。月餘，布將宋憲、魏續等執陳宮，舉城降。生禽布、宮，皆殺之。（同上）

按操自滅呂布後，徐州所屬彭城、下邳、東海、琅邪、廣陵諸郡國，皆入於魏矣。

（五）是年魏御史中丞、幽州刺史杜恕生。

按〈杜恕傳〉云：

恕字務伯。太和中，為散騎黃門侍郎，出為弘農太守。數歲，轉趙相。頃之，拜御史中丞。復出為幽州刺史，加建威將軍，使持節護烏丸校尉。時征北將軍程喜屯薊，劾奏恕，免為庶人，徙章武郡；是歲，嘉平元年。在章武，遂著《體論》八篇，又著《興性論》一篇。四年，卒於徙所。恕奏議論駁皆可觀，掇其切世大事著於篇。（《魏志》卷十六）

似此杜恕為當日有名之政論家。《隋志》有杜氏《體論》四卷。

◉建安四年己卯（西元一九九年）八歲

（一）當仍留居許都，學習六藝。

（二）是年夏四月，操進軍臨河，破斬畦固，以魏种為河內太守。

〈武帝紀〉：

四年春二月，公還至昌邑。張楊將楊醜殺楊，眭固又殺醜，以其眾屬袁紹，屯射犬。夏四月，進軍臨河，使史渙、曹仁擊之。固使楊故長史薛洪、河內太守繆尚留守，自將兵北迎紹求救。與渙、仁相遇於犬城，交戰，大破之，斬固。公遂濟河，圍射犬，洪、尚等率眾降，封為列侯。還軍敖倉，以魏种為河內太守。（《魏志》卷一）

（三）袁紹憤操劫制漢帝，將進軍攻許，操分兵守官渡。

〈武帝紀〉：

是時，袁紹既并公孫瓚，兼四州之地，眾十餘萬。將進軍攻許，諸將以為不可敵。秋八月，公進軍黎陽，留于禁屯河上。九月，公還許，分兵守官渡。（同上）

〈袁紹傳〉：

初，天子之立，非紹意。及在河東，紹遣郭圖使焉。圖還，說紹迎天子都鄴，紹不從。會太祖迎天子都許。收河南地，關中皆附。紹悔，欲令太祖徙天子都鄄城，以自密近，太祖拒之。頃之，擊破瓚於易京，并其眾。出長子譚為青州，又以中子熙為幽州，甥高幹為并州。眾數十萬，以審配、逢紀統軍事，田豐、荀諶、許攸為謀主，

顏良、文醜為將軍。簡精卒十萬，騎萬匹，將攻許。（《魏志》卷六）

（四）是年冬，張繡降，封列侯，為子均取繡女。

〈武帝紀〉：

冬十一月，張繡率眾降，封列侯。（《魏志》卷一）

〈張繡傳〉：

太祖拒袁紹於官渡，繡從賈詡計，復以眾降。繡至，太祖執其手，與歡宴。為子均取繡女。拜揚武將軍。官渡之役，繡力戰有功。（《魏志》卷八）

按均為植之異母弟，周姬所生。建安二十二年封樊侯，二十四年卒，黃初二年，追進公爵，謚曰樊安公。

（五）袁術欲由徐州北上，歸帝號於紹，操遣劉備、朱靈往下邳邀擊之，會術病死。

〈武帝紀〉：

袁術自敗於陳，稍困，袁譚自青州遣迎之。術欲從下邳北過，公遣劉備、朱靈要之，會術病死。（《魏志》卷一）

〈袁術傳〉：

術字公路，司空逢子，紹之從弟也。舉孝廉，除郎中，歷職內外，後為折衝校尉、虎賁中郎將。董卓之將廢帝，術亦畏卓之禍，出奔南陽。會長沙太守孫堅殺南陽太守張咨，術得據其郡。南陽戶口數百萬，而術奢淫肆欲，徵斂無度，百姓苦之。既與紹有隙，又與劉表不平，而北連公孫瓚。紹與瓚不和，而南連劉表。其兄弟攜貳，舍近交遠如此。引軍入陳留，太祖與紹合擊，大破術軍。術以餘眾奔九江，殺揚州刺史陳溫，領其州。以張勳、橋蕤等為大將。李傕入長安，欲結術為援，以術為左將軍，封陽翟侯。興平二年冬，天子敗於曹陽。術會羣下，謂吾家四世三輔，百姓所歸，欲應天順民。用河內張炯符命，遂僭號。後為太祖所敗，奔其部曲雷薄、陳蘭於灊山，復為所拒，憂懼不知所出。將歸帝號於紹，欲至青州從袁譚，發病，道死。（《魏志》卷六）

（六）是年廬江太守劉勳率眾降，封為列侯。

◉建安五年庚辰（西元二〇〇年）九歲

（一）當仍留許都，學習六藝。

（二）是年春正月，操殺車騎將軍董承等；復東征劉備。

〈獻帝紀〉：

五年春正月，車騎將軍董承，偏將軍王服，越騎校尉种輯，受密詔誅曹操，事洩。壬午，曹操殺董承等，夷三族。（《後漢書》卷九）

〈先主傳〉：

先主未出時，獻帝舅車騎將軍董承，辭受帝衣帶中密詔，當誅曹公。遂與承及長水校尉种輯、將軍吳子蘭、王子服等同謀。會見使，未發。事覺，承等皆伏誅。先主據下邳，殺徐州刺史車冑。留關羽守下邳，而身還小沛。（《蜀志》卷二）

〈武帝紀〉：

備之未東也，陰與董承等謀反。至下邳，殺徐州刺史車冑，舉兵屯沛。遣劉岱、王忠擊之不克。五年春正月，董承等謀泄，皆伏誅。公將自東征備，諸將皆曰：「與公爭天下者，袁紹也。今紹方來而棄之東，紹乘人後，若何？」公曰：「夫劉備，人傑也，今不擊，必為後患。袁紹雖有大志，而見事遲，必不動也。」郭嘉亦勸公，遂東擊備。破之，生禽其將夏侯博，備走奔紹。備將關羽屯下邳，復進攻之，羽降。公

還官渡，紹卒不出。（《魏志》卷一）

## （三）是年操與袁紹大戰於官渡，紹敗走。

〈武帝紀〉：

二月，紹遣郭圖、淳于瓊、顏良攻東郡太守劉延於白馬。紹引兵至黎陽，將渡河。夏四月，公北救延。引軍兼行，趣白馬。未至十餘里，良大驚，來逆戰。使張遼、關羽前登，擊破斬良，遂解白馬圍。紹於是渡河追公軍，至延津南。公勒兵駐營南阪下，紹騎將文醜與劉備將五六千騎前後至，遂縱兵擊，大破之，斬醜。良、醜皆紹名將也，再戰悉禽，紹軍大震。公還軍官渡，紹進保陽武。

八月，紹復進臨官渡，欲與公決勝敗。公與紹相拒連月，雖比戰斬將，然眾少糧盡，士卒疲乏。公謂運者曰：「卻十五日，為汝破紹，不復勞汝矣。」冬十月，紹遣車運穀，使淳于瓊等五人，將兵萬餘人送之，宿紹營北四十里。公乃留曹洪守，自將步騎五千人夜往。會明，遂攻之。士卒皆殊死戰，大破瓊等，皆斬之。紹初聞公之擊瓊，乃使張郃、高覽攻曹洪。郃等聞瓊破，遂來降。紹眾大潰，紹及長子譚棄軍走，渡河，追之不及，盡收其輜重、圖書、珍寶，虜其眾。（同上）

（四）是年夏四月，孫策卒，弟權代領其眾。

〈孫策傳〉：

建安五年，曹公與袁紹相拒於官渡。策陰欲襲許，迎漢帝。密治兵，部署諸將。未發，會為故吳郡太守許貢客所殺。先是策殺貢，貢小弟與客亡匿江邊。策單騎出，卒與客遇，客擊傷策。創甚，呼權，佩以印綬。謂曰：「舉江東之眾，決機於兩陣之間，與天下爭衡，卿不如我；舉賢任能，各盡其心，以保江東，我不如卿。」至夜卒，時年二十六。（《吳志》卷一）

（五）是年六月，漢末經學大師鄭玄卒，年七十四。

〈鄭玄傳〉：

鄭玄字康成，北海高密人。少為鄉嗇夫，得休歸，常詣學官，不樂為吏，遂造太學受業。師事京兆第五元先，始通《京氏易》、《公羊春秋》、《三統曆》、《九章算術》。又從東郡張恭祖受《周官》、《禮記》、《左氏春秋》、《韓詩》、《古文尚書》。以山東無足問者，乃西入關，因涿郡盧植，事扶風馬融。玄因從質諸疑義，問畢辭歸。融喟然謂門人曰：「鄭生今去，吾道東矣。」

初，中興之後，范升、陳元、李育、賈逵之徒，爭論古今學（錢大昕曰：「古學謂左氏《春秋》，今學則公、穀二家也。」）後馬融答北地太守劉瓌，及玄答何休，義據通深，由是古學遂明。玄所注《周易》、《尚書》、《毛詩》、《儀禮》、《禮記》、《論語》、《孝經》、《尚書大傳》、《中候》、《乾象歷》又著《天文七政論》、《魯禮禘祫義》、《六藝論》、《毛詩譜》、《駁許慎五經異義》、《答臨孝存周禮難》凡百餘萬言。玄質於辭訓，通人頗譏其繁。至於經傳洽熟，稱為純儒，齊魯間宗之。其門人山陽郗慮，至御史大夫；東萊王基、清河崔琰，著名於世。又樂安國淵、任嘏，時並幼童，玄稱淵為國器，嘏有道德，其餘亦多所鑒拔，皆如其言。（《後漢書·列傳》第二十五）

蕭子顯云：

康成生炎漢之季，訓義優洽，一世孔門，褒成並軌，故老以為前修，後生莫之敢異。（《南齊書·劉瓛陸澄傳論》）

蓋自漢末以來，鄭康成以經學教生徒，及門受業者約萬人。流風所被，士皆以通經績學為業，而當時選用人才，亦多於其門徒中求之。如漢御史大夫郗慮、魏中尉崔琰、魏太僕國淵、魏黃門侍郎任嘏、魏鎮南將軍安樂鄉侯王基等，其代表也。其門弟子中與曹植關係較密，而在思想上又對植影響較深者，當以崔琰、任嘏等為最。植為琰之兄女壻，而嘏則為臨淄侯庶子。故植少年時期所受儒家思想薰陶，雖直接得之於崔琰、任嘏，亦間接得之於鄭康成。即稱之為康成之再傳弟子，亦無不可也。

故魏文帝嘗云：「北海鄭玄，學之淵府。」王粲亦云：「世稱伊雒以東，淮漢以北，康成一人而已。」華歆又云：「北海鄭玄，當時之學。名冠華夏，為世儒宗。」不特此也，魏晉以降，朝野人士凡於六藝有所辨論，鄭氏經說無不援引。南北朝時，諸儒議《禮》者，尤多引鄭注。可知魏晉而後，說經之儒，大抵以鄭氏為宗。

鄭氏經注，至今日尚完整無缺者，有《毛詩傳箋》、《周禮注》、《儀禮注》、《禮記注》等。吾人於此，亦可略識鄭氏之家法矣。如注《詩》以毛為宗，毛義若有隱略，則更為表明；如有不同，即下己意，使可識別。不獨注《詩》如是，其注《周禮》、《儀禮》、《論語》、《尚書》，皆與箋《詩》之法無異。蓋鄭氏雖有宗主，亦有不同，此其家法也。

先儒謂何邵公之學，有宗主而無不同；許叔重異義之學，有不同而無宗主；惟鄭氏家法，無偏無弊，兼其所長，蓋謂此也。又如注《周禮》，並存故書、今書；注《儀禮》，並存今文、古文；此康成校書之法也。故《儀禮》從今文，則注內疊出古文；從古文，則注內疊出今文。即於己意有所不從，亦不欲沒之。《周禮》之並存故書、今書者，亦是此意。最難得者，康成負博雅之宏才，通羣經之滯義，括囊大典，網羅眾家，既不專名一經，亦不專主一說。故注《尚書》，則用古文而多異馬融；箋《毛詩》，則旁採《齊》、《魯》、《韓》；注《周官》，則兼及《儀禮》，《禮記》；注《論語》，則就《魯論》篇章，參之《齊》、《古》。今古之學兼採，門戶之見盡袪，觀其會通，擇善而從。一時學者，莫不翕然歸之。自古經師權威之高，未有若康成者。

然鄭學何以昌盛至此？蓋亦有故。六藝之學至於後漢，門戶之見漸深，不惟今文之外，別立古文；而且師法之下，又有家法。由是經有數家，家有數說，學者苦其繁雜，無所適從。康成博學多師，兼收旁採，將今文、古文合而為一。范蔚宗所謂「刪裁繁蕪，刊改漏失，學者略知所歸」，是也。又西京博士多專一經，兼通者少；甚或篤守遺經，罕有撰述。康成博稽六藝，徧注羣經，立言百萬，掩有眾長。守此一家，毋待旁求。鄭學之盛，或即在此。

然自康成兼採今古文，折衷同異後，而西京博士家法遂爾廢棄。中經喪亂，而今文全絕，古文獨傳。近人王國維嘗謂中古學術變遷之劇烈，莫甚於三國之時，有由來也。康成之孫小同，盡傳其學，為魏國巨儒，教授鄉里。黃初間，魏文帝徵為郎中，稱疾不起。明帝之世，徵為侍中，賜爵關內侯。

高貴鄉公尤崇儒好學，嘗與諸儒講論經義。司馬景王嘗問鍾會曰：「上何如主也？」對曰：「才同陳思，武類太祖。」景王曰：「若如卿言，社稷之福也。」（見《魏志・三少帝紀》注引《魏氏春秋》）

甘露三年秋八月丙寅詔曰：

「養老興教，必有三老、五更，以崇至敬。宜妙簡德行，以充其選。關內侯王祥，履仁秉義，雅志淳固。關內侯鄭小同，溫恭孝友，帥禮不忒。其以祥為三老，小同為五更。」

車駕親率羣司，躬行古禮焉。（見《魏志》卷四〈三少帝紀〉）

◉建安六年辛巳（西元二〇一年）十歲

（一）當仍留許都，學習六藝。

（二）是年夏四月，操復揚兵河上，擊破紹倉亭軍。

〈武帝紀〉：

六年夏四月，揚兵河上，擊紹倉亭軍，破之。九月，公還許。（《魏志》卷一）

〈曹操傳〉：

六年春，操就穀於安民。以袁紹新破，欲以其間擊劉表，荀彧諫，乃止。夏四月，揚兵河上，擊紹倉亭軍，破之。（郝經《續後漢書》卷二十五）

〈荀彧傳〉：

六年，太祖就穀東平之安民。糧少，不足與河北相支。欲因紹新破，以其間擊討劉表。彧曰：「今紹敗，其眾離心，宜乘其困，遂定之；而背兗、豫，遠師江、漢。若紹收其餘燼，承虛以出人後，則公事去矣。」太祖復次於河上。（《魏志》卷十）

（三）是年操南征劉備，備走奔劉表。汝南平。

〈武帝紀〉：

紹之未破也，使劉備略汝南，汝南賊共都等應之。遣蔡揚擊都，不利，為都所破。公南征備，備聞公自行，走奔劉表，都等皆散。（《魏志》卷一）

〈先主傳〉：

曹公與袁紹相拒於官渡，汝南黃巾劉辟等叛曹公應紹。紹遣先主將兵與辟等略許下。曹公既破紹，自南擊先主。先主遣麋竺、孫乾與劉表相聞。表自郊迎，以上賓禮待之。益其兵，使屯新野。（《蜀志》卷二）

按操南征劉備，備走奔劉表，共都等皆散。不惟許都南面之威脅得以解除，而汝南所屬二十餘縣，亦盡入曹魏矣。

（四）是年漢太常趙岐卒。岐著有《孟子章句》、《三輔決錄》傳於世。

按〈趙岐傳〉云：

岐字邠卿，京兆長陵人也。少明經，有才藝。娶扶風馬融兄女。永興二年，辟司空掾。後為大將軍梁冀所辟，舉為皮氏長。會河東太守劉祐去郡，而中常侍左悺兄勝代之。岐恥疾宦官，即日西歸；京兆尹延篤復以為功曹。先是中常侍唐衡兄玹為京兆虎牙都尉，進不由德。岐及從兄襲數為貶議，玹深毒恨。延熹元年，玹為京兆尹，岐懼禍及，乃與從子戩逃避之。玹果收岐家屬宗親，盡殺之。岐逃難四方，自匿姓名。後諸唐死滅，因赦乃出。靈帝初，復遭黨錮十餘歲。中平元年徵岐，拜議郎。獻帝西遷，稍遷太僕。興平元年，詔書徵岐，會帝還洛陽，衛將軍董承表遣岐使荊州。曹操時為司空，舉以自代。光祿勳桓典、少府孔融，上書薦之，於是以岐為太常。年九十餘，建安六年卒。岐多述作，有《孟子章句》，《三輔決錄》傳於世。（《後漢書・列傳第五四》）

## ◉建安七年壬申（西元二〇二年）十一歲

（一）是年植開始攻讀文學，并習寫作。

〈本傳〉云：

年十歲餘，誦讀《詩》、《論》及辭賦數十萬言，善屬文。太祖嘗視其文，謂植曰：「汝倩人耶？」植跪曰：「言出為論，下筆成章，顧當面試，奈何倩人。」（《魏志》卷十九）

按〈本傳〉所云：「誦讀《詩》、《論》及辭賦數十萬言。」蓋指《詩》三百篇、《論語》、《楚辭》、《漢賦》而言。《漢書・藝文志》云：《詩經》二十八卷，魯、齊、韓三家。《毛詩》二十九卷，《毛詩故訓傳》三十卷。《論語》：《古》二十一篇，《齊》二十二篇，《魯》二十篇，《傳》十九篇。《屈原賦》以下二十家，三百六十一篇；《陸賈賦》以下二十一家，二百七十四篇；《孫卿賦》以下二十五家，百三十六篇；《客主賦》以下雜賦十二家，二百三十三篇。《補續漢書・藝文志》云：《詩》類：伏黯《齊詩解說》九篇，薛漢《韓詩章句》二十二卷，馬融《毛詩注》十卷，賈逵《毛詩雜義難》十卷，鄭玄《毛詩箋》二十卷，《毛詩譜》三卷。《論語》類：包咸《論語章句》，周氏《論語章句》，鄭眾《論語傳》，馬融《論語注》，鄭玄《論語注》十卷。文集類：《桓譚集》二卷，《馮衍集》五卷，《胡廣集》二卷，《賈逵集》一卷，《班固集》十七卷，《朱穆集》二卷，《崔駰集》十卷，《張衡集》十一卷，《崔瑗集》六卷，《李固集》十二卷，《延篤集》一卷，《杜篤集》五卷，《黃香集》二卷，《王逸集》二卷，《蔡邕集》二十卷。以上僅就東漢以前關於《詩》、《論》、辭、賦之著作，略舉一二，而植自少至長，篇籍不離於手，大抵亦不外乎是矣。此外，史部方面，當有《國語》、《國策》、《太史公》百三十篇、班固《漢書》百篇、《東觀漢紀》、《伏侯古今注》等，蓋植生平頗留意於歷史人物傳記。

（二）是年春正月，植或隨操還譙。展謁先人故居。

〈武帝紀〉：

七年春正月，公軍譙。令曰：「吾起義兵，為天下除暴亂。舊土人民，死喪略盡，國中終日行，不見所識，使吾悽愴傷懷。其舉義兵以來，將士絕無後者，求其親戚以後

之。授土田，官給耕牛，置學師以教之。為存者立廟，使祀其先人。」（《魏志》卷一）

按譙為曹氏故鄉。後漢屬豫州沛郡，為刺史所在地。操己亥令所云：

去官之後，四時歸鄉里。於譙東五十里築精舍，欲秋夏讀書，冬春射獵。（〈武帝紀〉注引《魏武故事》）

楊晨曰：

城東有太祖舊宅，為議郎時告歸時築，魏文帝生於此。有渦水，文帝以舟師自譙循渦入淮。（《三國會要》卷八）

黃初元年，以譙郡與長安、許昌、洛陽、鄴號為五都。今安徽亳縣，即其地也。

(三) 是年夏，操復進軍官渡，袁紹發病死。小子尚代。

〈武帝紀〉：

進軍官渡。紹自軍破後，發病歐血，夏五月死。小子尚代。（《魏志》卷一）

〈袁紹傳〉：

紹字本初，汝南汝陽人也。高祖父安，為漢司徒。自安以下，四世居三公位，由是勢傾天下。紹有姿貌威容，能折節下士，士多附之，太祖少與交焉。以大將軍掾為侍御史，稍遷中軍校尉，至司隸。

靈帝崩，太后兄大將軍何進與紹謀誅諸閹宦，太后不從，乃召董卓，欲以脅太后。中常侍段珪等矯太后命，召進入議，遂殺之。宮中亂，紹遂勒兵捕諸閹人，無少長皆殺之，死者二千餘人。急追珪等，珪等悉赴河死。

董卓呼紹，議欲廢帝，立陳留王。紹不應，橫刀長揖而去。紹既出，遂亡奔冀州。卓乃拜紹渤海太守，封邟鄉侯。紹遂以渤海起兵，自號車騎將軍，主盟。冀州牧韓馥軍安平，為公孫瓚所敗。瓚遂引兵入冀州，馥懷不自安，乃讓紹，紹遂領冀州牧。

卓聞紹得關東，乃悉誅紹宗族太傅隗等。當是時，豪俠多附紹，州郡烽起，莫不假其名，頃之，擊破瓚於易京，并其眾。出長子譚為青州，又以中子熙為幽州，甥高幹為并州，眾數十萬，將攻許。

紹進軍黎陽，遣顏良攻劉延於白馬。太祖救延，破斬良。紹渡河，壁延津南，使劉備、文醜挑戰。太祖擊破之，斬醜。再戰，禽紹大將，紹軍大震。太祖還官渡，紹連營稍前，逼官渡。為地道，欲襲太祖營，太祖為長塹以拒之。又遣奇兵擊紹運車，大破之。會紹遣淳于瓊等將兵萬餘人，北迎運車。太祖乃自將步騎五千，潛往攻瓊，破瓊等，悉斬之。紹將高覽、張郃等率其眾降，紹眾大潰，紹與譚單騎退渡河。冀州

城邑多叛，紹復擊定之。自軍敗後發病，七年，憂死。（《魏志》卷六）

（四）是年秋九月，操征袁譚、袁尚，譚、尚敗退。

〈袁紹傳〉：

譚自稱車騎將軍，出軍黎陽。操渡河攻譚，譚告急於尚。尚乃留審配守鄴，自將助譚，與操相拒於黎陽。自九月至明年二月，大戰城下，譚、尚敗退。操將圍之，乃夜遁還鄴。操進軍，尚逆擊破操，操軍還許。（《後漢書》卷七十四下）

◉建安八年癸未（西元二〇三年）十二歲

（一）是年當仍留許都，學習文藝。

（二）是年夏，操始攻鄴。

〈武帝紀〉：

夏四月，進軍鄴，五月還許，留賈信屯黎陽。（《魏志》卷一）

（三）是年秋，操令郡國各修文學，此為曹魏復興文教之始。

〈武帝紀〉：

令曰：喪亂以來，十有五年。後生者不見仁義禮讓之風，吾甚傷之。其令郡國各修文學，縣滿五百戶，置校官，選其鄉之俊造而教學之，庶幾先王之道不廢，而有以益於天下。（《魏志》卷一）

**（四）是年八月，操移軍南征劉表，并為子整與譚聯姻以安之。蓋以譚、尚狡猾，當乘其亂也。**

〈袁紹傳〉：

太祖南征荊州，軍至西平。譚、尚遂舉兵相攻，譚敗奔平原。尚攻之急，譚遣辛毗詣太祖請救，太祖乃還救譚。十月，至黎陽。尚聞太祖北，釋平原還鄴。其將呂曠、呂翔叛尚歸太祖，譚復陰刻將軍印假曠、翔。太祖知譚詐，與結婚以安之，乃引軍還。（《魏志》卷六）

〈武帝紀〉：

八月，公征劉表，軍西平。公之去鄴而南也，譚、尚爭冀州，譚為尚所敗，走保平原。尚攻之急，譚遣辛毗乞降請救。諸將皆疑，荀攸勸公許之，公乃引軍還。冬十

月，到黎陽，為子整與譚結婚。尚聞公北，乃釋平原還鄴。東平呂曠、呂翔叛尚，屯陽平，率其眾降，封為列侯。（《魏志》卷一）

## ◉建安九年甲申（西元二〇四年）十三歲

（一）是年當隨軍北征入鄴。

〈武帝紀〉：

二月，尚復攻譚，留蘇由、審配守鄴。公進軍到洹水，由降。既至，攻鄴，為土山、地道。五月，毀土山、地道，作圍塹；決漳水灌城，城中餓死者過半。秋七月，尚還救鄴，公逆擊，破走之，遂圍其營。尚夜遁，追擊之，眾大潰，尚走中山。盡獲其輜重，得尚印綬節鉞；使尚降人示其家，城中崩沮。八月，審配兄子榮夜開所守城東門，內兵。配逆戰，敗。生禽配，斬之，鄴定。（《魏志》卷一）

按鄴春秋時為齊邑。戰國時，西門豹為鄴令，引漳水溉田，民賴其利。漢初，高祖置魏郡，以鄴為治所。兩漢之世，冀州刺史常理於此。袁紹領冀州牧，亦以鄴為其政治、軍事之重心。曹操定鄴後，建為魏都，闔家即定居於鄴。海內文人才士亦鱗集鄴中，遂成為曹魏王業之基地，與長安、洛陽、許昌、譙郡並為五都之一焉。

（二）是年秋，獻帝以操領冀州牧。

〈武帝紀〉：

九月，令曰：「河北罹袁氏之難，其令無出今年租賦。」重豪強兼併之法，百姓喜悅。天子以公領冀州牧，公讓還兗州。（《魏志》卷一）

洪亮吉《補三國疆域志》云：

冀州：漢建安九年，平袁氏，地入魏。得漢舊郡十二，增置郡四，凡統郡十六，治鄴。黃初中，徙治信都。（一）魏郡，領縣十；（二）廣平郡，領縣十五；（三）陽平郡，領縣八；（四）朝歌郡，領縣六；（五）鉅鹿郡，領縣二；（六）趙國，統縣九；（七）常山郡，領縣九；（八）中山國，統縣九；（九）安平郡，領縣十；（十）平原郡，領縣八；（十一）樂陵國，統縣五；（十二）博陵郡，領縣四；（十三）渤海郡，領縣十；（十四）章武郡，領縣四；（十五）河間郡，領縣十；（十六）清河郡，領縣七。（卷上）

盧毓〈冀州論〉云：

東河以上，西河以東，南河以北，易水以南，膏壤千里。（《初學記》引，見《三國會要》）

常山為林，大陸為藪，蒹葭蒲葦，雲母御席。魏郡好杏，常山好梨，房子好棉，河內好稻，真定好稷，中山好栗。（《類聚》、《書鈔》、《御覽》引，見《三國會要》）

何晏〈冀州論〉云：

清河縑總，房子好絺，真定好梨，安平好棗，共汲好漆。（同上）

**（三）是年秋，五官將曹丕納袁熙妻甄氏於鄴。**

〈甄后傳〉：

文昭甄皇后，中山無極人。建安中，袁紹為中子熙納之。熙出為幽州，后留養姑。及冀州平，文帝納后於鄴。有寵，生明帝及東鄉公主。（《魏志》卷五）

《世說新語》：

魏甄后惠而有色。先為袁熙妻，甚獲寵。曹公之屠鄴也，令疾召甄。左右曰：「五官中郎已將去。」公曰：「今年破賊正為奴。」（〈惑溺篇〉）

《世語》曰：

太祖下鄴，文帝先入袁尚府。有婦人披髮垢面垂涕，立紹妻劉後。文帝問之，劉答：「是熙妻。」顧擥髮髻，以巾拭面，姿貌絕倫。既過，劉謂后：「不憂死矣。」遂見納，有寵。（〈甄后傳〉注引）

《魏略》曰：

熙出在幽州，后留侍姑。及鄴城破，紹妻及后共坐堂上。文帝入紹舍，見紹妻及后，后顏色非凡，稱歎之。太祖聞其意，遂為迎取。（同上）

（四）是年冬，操攻袁譚，拔平原，譚走南皮。

〈武帝紀〉：

公之圍鄴也，譚略取甘陵、安平、渤海、河間。尚敗，還中山，譚攻之，尚奔故安，遂并其眾。公遺譚書，責以負約，與之絕婚。女還，然後進軍。譚懼，拔平原，走保南皮。十二月，公入平原，略定諸縣。（《魏志》卷一）

（五）是年遼東侯平州牧公孫度卒，子康嗣位。

〈公孫度傳〉：

度字升濟，本遼東襄平人也。同郡徐榮為董卓中郎將，薦度為遼東太守。度到官，東伐高句驪，西擊烏丸，威行海外。分遼東郡為遼西中遼郡，置太守。越海收東萊諸縣，置營州刺史。自立為遼東侯、平州牧。太祖表度為武威將軍，封永寧鄉侯。度死，子康嗣位。是歲建安九年也。（《魏志》卷八）

## ◉建安十年乙酉（西元二〇五年）十四歲

（一）當留居鄴都，攻讀文學。

（二）是年春，操破袁譚於南皮，斬之。青州平。

〈武帝紀〉：

十年春正月，攻譚，破之。斬譚，誅其妻子，冀州平。（《魏志》卷一）

〈袁紹傳〉：

太祖之圍鄴也，譚略取甘陵、安平、渤海、河間，攻尚於中山。尚走故安從熙，譚悉收其眾。太祖將討之，譚乃拔平原，奔南皮，臨清河而屯。十年正月，攻拔之，斬譚及（郭）圖等。（《魏志》卷六）

按操滅譚後，不惟冀州所屬甘陵、安平、渤海、河間諸郡，全部收復，而青州各郡亦盡入於魏。凡得漢郡國六：(一)齊郡，(二)濟南郡，(三)樂安郡，(四)北海郡，(五)城陽國，(六)東萊郡，治臨淄。

(三)是年秋，操征故安趙犢、霍奴等，并渡潞河，討三郡烏丸。

〈武帝紀〉：

故安趙犢、霍奴等，殺幽州刺史、涿郡太守。三郡烏丸攻鮮于輔於獷平。秋八月，公征之，斬犢等。乃渡潞河，救獷平。烏丸奔走出塞。(《魏志》卷一)

胡三省云：

三郡烏丸：遼西蹋頓、遼東蘇僕延、右北平烏延也。(《通鑑》卷六四注)

(四)是年魏明帝曹叡生。叡，甄皇后所出也。

〈明帝紀〉：

明皇帝諱叡，字元仲，文帝太子也。生而太祖愛之，常令在左右。年十五，封武德侯。黃初二年，為齊公。三年，為平原王。以其母誅，故未建為嗣。七年夏五月，帝疾篤，乃立為皇太子。丁巳，即皇帝位。(《魏志》卷三)

裴松之曰：

魏武以建安九年八月定鄴，文帝始納甄后。明帝應以十年生。（〈明帝紀〉注）

《魏書》曰：

帝生數歲而有岐嶷之姿，武帝異之，曰：「我基於爾，三世矣。」每朝會宴同，與侍中近臣並列帷幄。好學多識，特留意於法理。（〈明帝紀〉注引）

（五）是年晉光祿大夫、侍中、司徒山濤生。

按〈山濤傳〉云：

濤字巨源，河內懷縣人。少有器量，介然不羣。性好《老》、《莊》，每隱身自晦。與嵇康、呂安善，後遇阮籍，便為竹林之遊，著忘言之契。年四十，始為郡主簿，舉孝廉，除郎中。久之，拜趙國相，遷尚書吏部郎。晉武帝受禪，以濤守大鴻臚。泰始初，加奉車都尉。咸寧初，除尚書僕射，加侍中，領吏部。濤所奏甄拔人物，各為題目，時稱「山公啟事」。太康初，遷右僕射，加光祿大夫、侍中，掌選如故。後拜司徒。以太康四年薨，時年七十九。（《晉書》卷四三）

## ◉建安十一年丙戌（西元二〇六年）十五歲

（一）當與兄丕俱留鄴都，攻讀文學，旁及經史百家。

〈崔琰傳〉：

太祖征并州，留琰傅文帝於鄴。（《魏志》卷十二）

《資治通鑑》：

曹操自將擊高幹，留其世子丕守鄴，使別駕從事崔琰傅之。（卷六五，《漢紀》五七）

按琰為植之妻叔，雖傅文帝，想亦為植課讀也。

（二）是年春，操征高幹，殺之。并州平。

〈武帝紀〉：

初，袁紹以甥高幹領并州牧。公之拔鄴，幹降，遂以幹為刺史。幹聞公討烏丸，乃以州叛。執上黨太守，舉兵守壺關口。十一年春正月，公征幹。幹聞之，乃留其別

將守城，走入匈奴，求救於單于，單于不受。公圍壺關，三月拔之。幹遂走荊州，上洛都尉王琰捕斬之。（《魏志》卷一）

按曹操破高幹，以梁習為并州刺史，由是并州諸郡皆入於魏。得漢舊郡四：（一）太原郡，（二）上黨郡，（三）西河郡，（四）雁門郡。又新置郡二：（一）樂平郡，（二）新興郡。治晉陽。至建安十八年，更省并州以入冀州。

**（三）是年操將征三郡烏丸，先鑿平虜、泉州二渠，以利軍運。**

〈武帝紀〉：

三郡烏丸承天下亂，破幽州，略有漢民合十萬餘戶。袁紹皆立其酋豪為單于，以家人子為己女，妻焉。遼西單于蹋頓尤強，為紹所厚，故尚兄弟歸之。數入塞為害，公將征之。鑿渠，自呼沲入泒水，名平虜渠；又從泃河口鑿入潞河，名泉州渠，以通海。（《魏志》卷一）

〈烏桓傳〉：

烏桓（即烏丸）者，本東胡也。漢初，匈奴冒頓滅其國，餘類保烏桓山，因以為號。從是，臣服匈奴。漢武使霍去病擊破匈奴，因徙烏桓於上谷、漁陽、右北平、遼東、遼西五郡塞外，其後漸強盛。

靈帝初，烏桓大人上谷有難樓者，眾九千餘落；遼西丘力居者，眾五千餘落，皆自稱王。又遼東蘇僕延，眾千餘落，自稱峭王；右北平烏延，眾八百餘落，自稱汗魯王；并勇健而多計謀。

獻帝初平中，丘力居死，子樓班年少，從子蹋頓有武略，代立，總攝三王部眾，皆從其號令。廣陽人閻柔，少沒烏桓鮮卑中，為其種人所歸信。柔乃因鮮卑眾，殺烏桓校尉邢舉，代之。袁紹因寵慰柔以安北邊。及紹子尚敗，奔蹋頓。時冀州吏民奔烏桓者，十餘萬戶。尚欲憑仗其兵力，復圖中國。會曹操平河北，閻柔率鮮卑、烏桓歸附，操即以柔為校尉。建安十二年，曹操自征烏桓，大破蹋頓於柳城，斬其首。虜二十餘萬人。袁尚與樓班、烏延等皆走遼東，遼東太守公孫康并斬送之。其餘眾萬餘落，悉徙中國云。（《後漢書・列傳第八十》）

按柳城，據惠棟曰：「劉昫云：『柳城在昌黎縣西南六十里，漢末為烏桓所據。』」

◉建安十二年丁亥（西元二〇七年）十六歲

（一）是年夏，當隨軍北征三郡烏丸。秋，凱旋還鄴。

〈求自試表〉云：

臣昔從先武皇帝南極赤岸，東臨滄海，西望玉門，北出玄塞，伏見所以行軍用兵之勢，可謂神妙矣。

李善注云：

玄塞，長城也。北方色黑，故曰玄。（《文選》卷三七）

蓋指北征烏丸而言也。

〈武帝紀〉：

北征三郡烏丸，夏五月，至無終。秋七月，引軍出盧龍塞，經白檀，歷平岡，涉鮮卑庭，東指柳城。未至二百里，虜乃知之。尚、熙與蹋頓、遼西單于樓班、右北平單于能臣抵之等將數萬騎逆軍。八月，卒與虜遇，乃縱兵擊之。使張遼為先鋒，虜眾大崩，斬蹋頓及名王已下，胡、漢降者二十餘萬口。遼東單于速僕丸及遼西、北平諸豪，棄其種人，與尚、熙奔遼東，眾尚有數千騎。九月，公引兵自柳城還。康即斬送尚、熙及速僕丸等，傳其首。（《魏志》卷一）

按柳城之役，斬蹋頓及名王已下，胡、漢降者二十餘萬口。由是北平、遼西，上谷諸郡，皆入於魏，幽州悉平。洪亮吉所云：「漢建安十二年，魏武平幽州」，是也。（見《補三國疆域志》）謝鍾英補注乃云：「建安十年，袁熙大將焦觸、張南等舉其縣降魏，平幽州當在十年，而洪氏云十二年，非也。」殊不知焦、張等當日所舉以降魏者涿與廣陽二郡耳，其他如右北平、遼西、上谷諸郡，仍為三郡烏丸所據有。至建安十二年始入於魏。洪氏不誤。

## ◉建安十三年戊子（西元二〇八年）十七歲

（一）是年春，當隨軍還鄴。與兄不同游玄武陂。

《通鑑・漢紀》：

春正月，曹操還鄴。作玄武池以肄舟師。（卷六十五）

〈武帝紀〉：

春正月，公還鄴。作玄武池以肄舟師。（《魏志》卷一）

丕於玄武陂作詩云：「兄弟共行遊，驅車出西城。」

（二）是年夏五月，異母弟沖（倉舒）卒。

魏文帝〈倉舒誄〉云：

建安十二年（應為十三年）五月甲戌，童子倉舒卒。（《古文苑》卷九）

〈武文世王公傳〉：

鄧哀王沖，建安十三年疾病，太祖親為請命。及亡，哀甚。文帝寬喻太祖，太祖曰：「此我之不幸，而汝曹之幸也。」言則流涕。命宛侯據子琮奉沖後。（《魏志》卷二十）

魏文帝有〈倉舒誄〉，見《類聚》卷四五，《古文苑》卷九。張溥本引為植作，然宋嘉定本《曹集》不載。張本或因《類聚》所引與植〈任城王誄〉相連而誤采也。

（三）是年夏六月，獻帝以操為丞相，自置掾屬。

〈武帝紀〉：

漢罷三公官，置丞相、御史大夫。夏六月，以公為丞相。（《魏志》卷一）

《資治通鑑》：

夏六月，罷三公官，復置丞相、御史大夫。癸巳，以曹操為丞相。操以冀州別駕從事崔琰為丞相西曹掾，司空東曹掾陳留毛玠為丞相東曹掾，元城令河內司馬朗為主簿，弟懿為文學掾，冀州主簿盧毓為法曹議令史。（《漢紀》卷五七）

按漢初以丞相、御史大夫、太尉為三公；中興以來，以太尉、司徒、司空為三公。今罷三公，而以操為丞相，事權皆統一於操矣。

（四）是年秋，操南征劉表，未至，表病死。

〈武帝紀〉：

秋七月，公南征劉表。八月，表卒，其子琮代。（《魏志》卷一）

按〈劉表傳〉云：

表字景升，山陽高平人。與同郡張儉等俱被訕議。詔書捕案黨人，表亡走得免。黨禁解，辟大將軍何進掾。初平元年，以表為荊州刺史。及李傕等入長安，表遣使奉貢。傕以表為鎮南將軍、荊州牧。建安三年，長沙太守張羨叛表，表破羨，平之。於是開土遂廣，南接五嶺，北據漢川，地方數千里，帶甲十餘萬。關西、兗、豫學士歸者，蓋有千數。遂起立學校，博求儒術。綦母闓、宋忠等，撰立《五經》章句，謂之後定。愛民養士，從容自保，欲觀天下之變。六年，劉備自袁紹奔荊州，表厚相待結而不能用也。

十三年，曹操自將征表，未至；八月，表疽發背卒。（《後漢書・列傳第六十四》）

（五）是年秋，操殺漢太中大夫孔融，夷三族。

〈曹操傳〉：

八月，太中大夫孔融上書，言準古王畿之制，千里寰內，不以封建諸侯，操疑融論建漸廣，遂誣殺融，夷三族。（郝經《續後漢書》卷二十五）

〈孔融傳〉：

孔融字文舉，魯國人，幼有異才，性好學，博涉，多該覽。與平原陶丘洪、陳留邊讓，齊聲稱。州郡禮命皆不就。後辟司空掾，拜中軍候。在職三日，遷虎賁中郎將。會董卓廢立，融每因對答，輒有匡正之言。以忤旨，轉為議郎。時黃巾寇數州，而北海最為賊衝。卓乃諷三府同舉融為北海相。

融到郡，收合士民，起兵講武。更置城邑，立學校。表顯儒術，薦舉賢良鄭玄、彭璆、邴原等，時袁、曹方盛，而融無所協附。融負其高氣，志在靖難，而才疏意廣，迄無成功。及獻帝都許，徵融為將作大匠，遷少府。每朝會訪對，融輒引正定議，公卿大夫皆隸名而已。

時年饑兵興，曹操表制酒禁，融頻書爭之，多侮慢之辭。既而操雄詐漸著，數不能堪，故發辭偏宕，多致乖忤。又嘗奏宜準古王畿之制，千里寰內，不以封建諸侯。操疑其所論漸廣，益憚之。然以融名重天下，外相容忍，而潛忌正議，慮鯁大業。山陽郗慮承望風旨，以微法奏免融官。

歲餘，復拜太中大夫。性寬容少忌，好士，喜誘益後進。及退閑職，賓客盈其門。嘗歎曰：「坐上客常滿，杯中酒不空，吾無憂矣。」曹操既積嫌忌，而郗慮復搆成其罪。遂令丞相軍謀祭酒路粹枉狀奏融：「大逆不道，宜極重誅。」書奏，下獄棄市。時年五十六，妻子皆被誅。（《後漢書》卷七十）

張璠《漢紀》曰：

帝初都許，融以為宜略依舊制，定王畿，正司隸所部為千里之封，乃引公卿上書言其義。是時天下草創，曹、袁之權未分。融所建明，不識時務。又天性氣爽，頗推平生之意，狎侮太祖。太祖制酒禁，而融書啁之曰：「天有酒旗之星，地有酒泉之郡，人有旨酒之德。故堯不飲千鍾，無以成其聖。且桀紂以色亡國，今令不禁昏姻也。」太祖外雖寬容，而內不能平。（《魏志》卷十二〈崔琰傳〉注引）

曹丕《典論・論文》云：

今之文人，魯國孔融文舉、廣陵陳琳孔璋、山陽王粲仲宣、北海徐幹偉長、陳留阮瑀元瑜、汝南應瑒德璉、東平劉楨公幹。斯七子者，於學無所遺，於辭無所假。咸以自騁驥騄於千里，仰齊足而並馳。孔融氣體高妙，有過人者。然不能持論，理不勝辭，以至於雜以嘲戲。及其所善，揚、班儔也。（《昭明文選》卷五二）

按建安七子，曹丕以孔融居首。劉楨亦推重其文，嘗謂：「孔氏卓卓，信含異氣。筆墨之性，殆不可勝。」文帝丕尤愛其文，至以金帛徵求孔氏遺著。海內有上融文章者，輒予以重賞。曹植平日與孔融關係雖無可考，然融隨獻帝遷許後，與曹氏父子朝夕相處，有十餘年之久。是時融以文章名重天下，而又禮賢好士，誘掖後進。曹植當日以公子之豪，下筆琳瑯，彼此之間，當不無往還接觸機會。其未見諸記載者，或因時忌而有所刪削也。

（六）**是年秋，當隨軍南征荊州。冬，北還。**

〈求自試表〉云：

臣昔從先武皇帝南極赤岸。（《魏志》卷十九〈本傳〉）

趙一清曰：

赤岸，赤壁也。赤壁亦作赤圻，岸或圻字之誤。謂征劉表。（《三國志旁證》卷十四引）

〈劉表傳〉：

建安十三年，太祖征表，軍到襄陽，琮舉州降。備走奔夏口。太祖以琮為青州刺史，封列侯。（《魏志》卷六）

〈武帝紀〉：

九月，公到新野，琮遂降。備走夏口，公進軍江陵。十二月，公自江陵征備，至赤壁，與備戰，不利，乃引軍還。備遂有荊州、江南諸郡。（《魏志》卷一）

〈先主傳〉：

先主遣諸葛亮自結於孫權，權遣周瑜、程普等水軍數萬，與先主并力，與曹公戰於赤壁，大破之，焚其舟船。（《蜀志》卷二）

關於赤壁問題說者不一，《江夏辨疑》言之頗詳，錄之以供參考。原文云：

周瑜敗曹公於赤壁，三尺童子能道其事。然江漢之間，名赤壁者三焉：一在漢水之側，竟陵之東；一在齊安郡之步下；一在江夏郡西南二百里許。予謂郡之西南者，正曹公所敗之地也。

按《三國志》：「建安十三年七月，曹公南征劉表，表卒，其子琮代，屯襄陽，劉備屯樊。既而琮降，備走夏口。冬，公自江陵征備，至赤壁，戰不利。」又〈周瑜傳〉曰：「備進住夏口，孫權遣瑜等與備并力逆曹公，遇於赤壁。」夫操自江陵東下，備與瑜自夏口往而逆戰，則赤壁明非竟陵之東與齊安之步下者也。故酈道元《水經注》云：「江水又東，左逕百丈山南，右逕赤壁山北，昔周瑜與黃蓋詐魏武大將軍處也。江水又東，逕大軍山南。」由是觀之，以大軍山而考合其處所，可以無疑矣。此《嘉魚圖經》所謂「赤壁山在縣西北步道七十里」者也。（苕溪《漁隱叢話・後集》卷廿八引）

〈孫權傳〉：

備進住夏口，使諸葛亮詣權，權遣周瑜、程普等行。瑜、普為左右督，各領萬人，與備俱進。遇於赤壁，大破曹公軍。公燒其餘船，引退。士卒饑疲，死者大半。備、瑜等復追至南郡，曹公遂北還。（《吳志》卷二）

按曹操南征荊州，劉琮歸降，荊州遂入於魏。旋為劉備、孫權敗於赤壁，地遂三分：西境屬蜀，東南境屬吳，北境屬魏。然魏所得者，南陽一郡耳。江夏郡雖魏與吳各立州郡，然魏所統者，安陸一縣，其他郡縣皆為吳有矣。

◉建安十四年己丑（西元二〇九年）十八歲

（一）是年春，當隨軍至譙。

《通鑑》胡注云：

自赤壁還也。

曹丕〈感物賦〉云：

喪亂以來，天下城郭坵墟，惟從太僕君宅尚在。南征荊州，還過鄉里，舍焉。

（《藝文類聚》卷三十四）

（二）是年春，操治水軍於譙，將以征吳，以報赤壁之役。

〈武帝紀〉：

十四年春三月，軍至譙。作輕舟，治水軍。（《魏志》卷一）

曹丕〈泝淮賦〉序云：

建安十四年，王師自譙東征，大興水軍，泛舟萬艘。時余從行，始入淮口，行泊東山。覩師徒，觀旌帆，赫矣，盛哉！雖孝武盛唐之狩，舳艫千里，殆不過也。（《北

堂書鈔》卷一三七）

（三）是年秋，操軍合肥，置揚州郡縣長吏。冬還譙，植當隨行。

〈武帝紀〉：

秋七月，自渦入淮，出肥水，軍合肥。置揚州郡縣長吏，開芍陂屯田。十二月，軍還譙。（《魏志》卷一）

〈劉馥傳〉：

太祖方有袁紹之難，謂馥可任以東南之事。遂表為揚州刺史。馥既受命，單馬造合肥城，建立州治。數年中，恩化大行，百姓樂其政。於是，廣屯田，興治芍陂及茹陂、七門、吳塘諸堨，以溉稻田，官民有畜。又高為城壘，多積木石，為戰守備。（《魏志》卷十五）

洪亮吉《補三國疆域志》云：

揚州漢統六郡。興平中，江東地悉入吳，魏惟得廬江、九江之地。自合肥北至壽春，置揚州刺史，領郡二，治壽春。淮南郡本秦九江郡，漢初為淮南國，後復故。魏復改今名，領縣十：壽春、成德、下蔡、義成、西曲陽、平阿、全椒、阜陵、鍾離、合肥。《沈志》：魏改九江曰淮南。盧江郡，漢置。魏領縣九：陽泉、舒、灊、皖、居巢、臨湖、襄安、龍舒、六安。建安中，魏武屯居巢。（卷上）

（四）是年漢祕書監侍中荀悅卒。著有《漢紀》、《申鑒》等傳於世。

按〈荀悅傳〉云：

悅字仲豫，儉之子也。悅年十二，能說《春秋》。性沈靜，美姿容，尤好著述。初辟鎮東將軍曹操府，遷黃門侍郎。獻帝頗好文學，悅與彧及少府孔融侍講禁中，旦夕談論，累遷祕書監、侍中。時政移曹氏，悅志在獻替，而謀無所用，乃作《申鑒》五篇，其所論辨，通見政體。帝好典籍，常以班固《漢書》文繁難省，乃令悅依《左氏傳》體，以為《漢紀》三十篇，辭約事詳，論辨多美。又嘗著《崇德》、《正論》及諸論數十篇。年六十二，建安十四年卒。（《後漢書》卷六十二）

（五）是年魏太常夏侯玄、尚書僕射傅嘏生。玄為魏玄論派中心人物，傅為名理派中心人物。玄傳略見前。

按〈傅嘏傳〉：

嘏字蘭石，北地泥陽人。弱冠知名，司空陳羣辟為掾。時劉劭作考課法，嘏論難之。正始初，除尚書郎，遷黃門侍郎。曹爽秉政，因事免官。爽誅，為河南尹，遷尚書。嘏嘗論才性同異，鍾會集而論之。

裴注引《傅子》曰：「嘏既達治好正，而有清理識要，好論才性，原本精微，尠能及之。司隸校尉鍾會年甚少，嘏以明智交會。」（《魏志》卷二十一）

◉建安十五年庚寅（西元二一〇年）十九歲

（一）是年春，操下〈求賢令〉，植作〈七啟〉八首以應之。（〈七啟〉見《文選》卷三四，《類聚》卷五七）

〈武帝紀〉：十五年春，下令曰：

自古受命及中興之君，曷嘗不得賢人君子與之共治天下者乎！……今天下尚未定，此特求賢之急時也。……今天下得無有被褐懷玉而釣于渭濱者乎？又得無盜嫂受金而未遇無知者乎？二三子其佐我明揚仄陋，惟才是舉，吾得而用之。（《魏志》卷一）

〈七啟〉并序：

昔枚乘作〈七發〉，傅毅作〈七激〉，張衡作〈七辯〉，崔駰作〈七依〉，辭各

**美麗，余有慕之焉。遂作〈七啟〉，并命王粲作焉。**（按王粲所作名〈七釋〉，見《藝文類聚》卷五十七）原作文長從略。

按〈七啟〉八首，有章法，有句格，合之則成為鉅製，析之則各為小賦。而其練字之精，敷采之麗，則駢驪家之科律也。

文中首引玄微子隱居大荒之庭，飛遯離俗，澄神定靈，輕祿傲貴，與物無營。鏡機子先以「君子不遯俗而遺名，智士不背世而滅勳」啟之。既而高談宮館，壯語畋獵，窮瑰奇之服饌，極蠱媚之聲色，誘掖玄微子入世。末言：「世有聖宰，翼帝霸世。……民望如草，我澤如春。河濱無洗耳之士，喬嶽無巢居之民。是以俊乂來仕，觀國之光，舉不遺材，進各異方。……此霸道之至隆，而雍熙之盛際。然主上猶尚以沉恩之未廣，懼聲教之未厲，采英奇於仄陋，宣皇明於巖穴，此甯子商歌之秋，而呂望所以投綸而逝也。吾子為太和之民，不欲仕陶唐之世乎？」本文假鏡機子之言，規勸隱逸之士，如玄微子者流，用世入仕。配合〈求賢令〉，為曹魏霸業延攬人才。

（二）**是年冬，操作銅爵臺於鄴城。**

〈武帝紀〉：

十五年冬，作銅爵臺。（《魏志》卷一）

《鄴中紀》：

銅爵臺因城為基，址高一十丈，有屋一百二十間。周圍彌覆其上。（《三國志考證》卷五引）

李善曰：

（鄴）有三臺：中央曰銅爵臺，有屋一百二十間。南曰金虎臺，有屋一百九間。北曰冰井臺，有屋百四十五間，上有冰室。三臺與法殿，皆閣道相通。直行為徑，周行為營。（《文選》卷四〈三都賦〉注）

（三）是年冬，操讓還陽夏、柘、苦三縣，戶二萬，但食武平萬戶。

〈武帝紀〉注引《魏武故事》載公十二月己亥令曰：

前朝恩封三子為侯，固辭不受。今更欲受之，非欲復以為榮，欲以為外援，為萬安計。奉國威靈，仗鉞征伐；推弱以克強，處小而禽大。意之所圖，動無違事；心之所慮，何向不濟。遂蕩平天下，不辱主命。可謂天助漢室，非人力也。然封兼四縣（陳郡：武平、陽夏、柘、苦四縣）食戶三萬，何德堪之？江湖未靜，不可讓位。

至於邑土，可得而辭。今上還陽夏、柘、苦三縣，戶二萬。但食武平萬戶，且以分損謗議，少減孤之責也。（《魏志》卷一）

（四）是年晉步兵校尉阮籍生。籍為魏晉間大詩人，有《阮步兵集》，見《隋書・經籍志》。

〈王粲傳〉云：

（阮）瑀子籍，才藻豔逸。而倜儻放蕩，行己寡欲，以莊周為模則，官至步兵校尉。（《魏志》卷二十一）

《詩品》云：

晉步兵阮籍，其原出於《小雅》。詠懷之作，可以陶性靈，發幽思；言在耳目之內，情寄八荒之表；自致遠大，頗多感慨之詞，厥旨淵放，歸趣難求。（卷上）

◉建安十六年辛卯（西元二一一年）二十歲

（一）是年春，獻帝以操世子丕為五官中郎將。

〈武帝紀〉：

十六年春正月，天子命公世子丕為五官中郎將，置官屬，為丞相副。（《魏志》卷一）

洪飴孫《三國職官表》云：

五官中郎將一人，比二千石，第四品，主五官郎。漢建安十六年，文帝為五官中郎將，時副丞相，置官屬。有長史涼茂、邴原、吳質；文學徐幹、應瑒、劉廙、蘇林、夏侯尚；門下賊曹盧毓、郭淮；功曹常林。（卷上）

（二）同月，獻帝復封操三子：植、據、豹為侯。

《魏書》曰：

庚辰，天子報：減戶五千，分所讓三縣（陽夏、柘、苦）萬五千封三子：植為平原侯，據為范陽侯，豹為饒陽侯，食邑各五千戶。（《魏志》卷一〈武帝紀〉注引）

潘眉曰：

按武帝二十五子，無名豹者。考十六年所封饒陽侯，沛穆王林也。豹即林之名。又《文選》引《魏略》曰：杜夫人生沛王豹。是豹即林之初名。（《三國志考證》卷二）

按平原，戰國時為趙地，趙惠文王封弟勝為平原君，即其地也。漢置縣，又立平原郡，屬青州。故城在今山東平原縣西南五十里。范陽，兩漢屬涿郡。《元和郡國志》

云：故城在易縣東南六十五里。饒陽，《班志》屬涿郡，《國志》屬安平，即博陵郡也。《方輿廣記》云：故城在今深州饒陽縣東北二十里。漢時涿郡屬幽州，幽州於建安十二年入於魏，已如前述。

**（三）是年操以邢顒、劉楨為平原侯官屬。**

〈邢顒傳〉：

是時太祖諸子高選官屬，令曰：「侯家吏宜得淵深法度如邢顒輩。」遂以為平原侯植家丞。顒防閑以禮，無所屈撓，由是不合。庶子劉楨書諫植曰：「家丞邢顒，北土之彥。少秉高節，玄靜澹泊，言少理多，真雅士也。楨誠不足同貫斯人，並列左右。而楨禮遇殊特，顒反疎簡。私懼觀者將謂君侯習近不肖，禮賢不足，採庶子之春華，忘家丞之秋實。為上招謗，其罪不小，以此反側。」（《魏志》卷十二）

**（四）是年秋，操西征馬超等，植隨行，有〈離思賦〉。**

植〈離思賦〉序云：

建安十六年，大軍西征馬超，太子留監國，植時從焉，意有所懷戀，遂作〈離思賦〉。（《類聚》卷二十一）

魏文帝〈感離賦〉序云：

建安十六年，上西征，余居守，老母諸弟皆從，不勝思慕，乃作賦云云。（《類聚》卷三十）

（五）是年秋，植於西征途中有〈述行賦〉。又過洛陽，有〈洛陽賦〉及〈送應氏〉詩二首。

〈述行賦〉殘缺，僅存六句。見《初學記・地部・驪山湯溫泉》。又《文選》潘安仁〈西征賦〉李善注亦曾引此賦。

〈洛陽賦〉見《書鈔》一五八卷，僅存四句，俱從略。

〈送應氏〉二首，《文選》六臣注劉良曰：

此詩送應瑒兄弟也。時董卓遷獻帝於西京，洛陽被燒，故多言荒蕪之事。（《文選》卷二十）

古直曰：

按卓遷獻帝在初平元年，時子建尚未生，六臣注非也。考《魏志》，應瑒辟丞相掾屬轉平原侯庶子，而子建以建安十六年封平原侯，〈送應氏〉詩當作於此際。（《曹

子建詩箋》）

（六）是年冬，植復隨軍北征楊秋。

〈求自試表〉云：

西望玉門。

趙一清曰：

玉門，謂削平韓遂、馬超、宋建之屬。（梁章鉅《三國志旁證》卷十四引）

〈武帝紀〉：

冬十月，軍自長安北征楊秋，圍安定，秋降。十二月，自安定還。留夏侯淵屯長安。（《魏志》卷一）

按渭南之役，斬李堪、成宜，走韓遂、馬超，關中平，是為雍州入魏之始。又北征楊秋於安定，秋降，是為涼州入魏之始。

（七）植〈三良〉詩當作於是年冬征安定途中。

〈三良〉詩云：

功名不可為，忠義我所安。秦穆先下世，三臣皆自殘。生時等榮樂，既沒同憂患。誰言捐軀易？殺身誠獨難。攬涕登君墓，臨穴仰天歎。長夜何冥冥，一往不復還。黃鳥為悲鳴，哀哉傷肺肝。（《文選》卷二十一，《曹集》卷五）

按〈三良〉詩為是年冬植從軍北征楊秋，過秦穆公墓時所作。墓在鳳翔城南，為長安至安定必經之地。王粲、阮瑀亦有詠〈三良〉詩，蓋征途中同作也。何義門以此詩作於建安二十年西征張魯時。果爾，則阮瑀已早卒矣。因瑀卒於建安十七年，據魚豢《魏略》載太祖初征荊州，使瑀作書與孫權；及征馬超，又使瑀作書與韓遂。則瑀當日隨操西征，與植同作此詩，殆無疑義。

## ◉建安十七年壬辰（西元二一二年）二十一歲

**（一）是年春，植當隨軍還鄴。**

〈武帝紀〉：

十七年春正月，公還鄴。（《魏志》卷一）

**（二）時操將諸子同登銅爵臺，植有〈登臺賦〉。**（見〈本傳〉注引陰澹《魏紀》）。

又見《類聚》卷六二，《初學記》卷二四）

按銅爵臺作於十五年冬，至十七年春始竣工。是年魏武父子由長安還鄴後，乃同登此臺。

〈本傳〉云：

時鄴銅爵臺新成，太祖悉將諸子登臺，使各為賦。植援筆立成，可觀，太祖甚異之。（《魏志》卷十九）

魏文帝〈登臺賦〉序云：

建安十七年春，遊西園，登銅爵臺，命余兄弟並作。（嚴可均《全三國文》）

（三）是年秋，植兄弟與王粲、徐幹、劉楨、應瑒等，遊宴西園，有〈公讌〉詩。王粲、劉楨、應瑒亦有此詩，蓋同作也。（仲宣、公幹詩見《文選》卷二十，德璉詩見《類聚》卷三九禮部）

〈公讌〉詩云：

公子敬愛客，終宴不知疲。清夜遊西園，飛蓋相追隨。明月澄清景，列宿正參差。秋蘭被長阪，朱華冒綠池，潛魚躍清波，好鳥鳴高枝。神飆接丹轂，輕輦隨風

移。飄颻放志意，千秋長若斯。（《文選》卷二十，李注云：公子，謂五官中郎將也）

按此詩及仲宣、公幹諸作皆寫秋景。如植詩云：「秋蘭被長阪，朱華冒綠池。」仲宣詩云：「涼風撤蒸暑，清雲却炎暉。」公幹詩云：「芙蓉散其華，菡萏溢金塘。」等句便是。可知其作於是年秋日。丁晏《年譜》以為此詩作於建安十六年，恐非。因十六年秋七月，植抱病隨軍西征馬超，當非宴游之時，至次年春始還鄴，應以十七年秋為是。

（四）是年冬，操南征孫權，植隨行。軍向濡須進發，荀彧卒於壽春途中，植有〈光祿大夫荀侯誄〉。

〈武帝紀〉：

冬十月，公征孫權。（《魏志》卷一）

《通典》：

和州歷陽縣西南一百八十里，有濡須水。建安十七年，孫權築塢於此，以拒曹公。周泰、朱桓，皆為守將。

洪亮吉《補三國疆域志》：

今考歷陽廢縣，有濡須塢。建安十七年，吳聞魏兵將來，因築此塢，南臨須水，狀如偃月。

〈荀彧傳〉：

十七年征孫權，太祖表請彧勞軍於譙。因輒留彧，以侍中光祿大夫持節參丞相軍事。太祖軍至濡須，彧疾，留壽春，以憂薨，時年五十。（《魏志》卷十）

〈荀侯誄〉見《藝文類聚》卷四九，原作殘缺，從略。

**（五）是年漢司空軍謀祭酒陳留阮瑀卒。**

〈王粲傳〉：

瑀以十七年卒。（《魏志》卷二十一）

按操將征吳，瑀先為操作書與孫權，曉以利害，喻以禍福。詭麗輻輳，繁而不厭。魏文帝所謂「元瑜書記翩翩，致足樂也。」瑀原作見《文選》卷四二〈阮元瑜為曹公作書與孫權〉一首。劉勰云：「魏之元瑜，號稱翩翩。」（《文心雕龍．書記篇》）；又云：「琳、瑀以符檄擅聲。」（《文心雕龍．才略篇》），魏武當日書檄多為阮瑀、陳琳所作。

◉建安十八年癸巳（西元二一三年）二十二歲

（一）是年春，植隨軍至譙，與兄丕循渦入淮，作〈臨渦賦〉。夏還鄴。有〈歸思賦〉（見《類聚》卷三十，文殘從略）

〈武帝紀〉：

十八年春正月，進軍濡須口，攻破權江西營，獲權都督公孫陽，乃引軍還，夏四月，至鄴。（《魏志》卷一）

按是年春，操自合肥引軍還鄴，便道訪問譙郡故里，植兄弟從操展謁先人墳墓，以致其敬恭桑梓之意。

魏文帝〈臨渦賦〉序云：

上建安十八年至譙，余兄弟從上拜墳墓，遂策馬遊觀，經東園，遵渦水，相徉乎高樹之下。駐馬書鞭，為臨渦之賦。（《藝文類聚》卷八）

植亦有〈臨渦賦〉。《穆修參軍集・過渦河》詩自注云：「曹子建臨渦作賦，書於橋上」云云。想當日與兄丕同作也。惜原作早佚。

（二）操併漢十四州復為九州，以增益其封域。

〈荀彧傳〉：

建安九年，太祖拔鄴，領冀州牧。或說太祖：「宜復古九州，則冀州所制者廣大，天下服矣。」（《魏志》卷十）

《資治通鑑》：

十八年春正月庚寅，詔併十四州，復為九州。（卷六六，《漢紀》第五八）

胡三省曰：

按十四州：司、豫、冀、兗、徐、青、荊、揚、梁、益、雍、并、幽、交也。復為九州者，割司州之河東、河內、馮翊、扶風及幽、并二州，皆入冀州。涼州所統，悉入雍州；又以司州之京兆入焉。又以司州之弘農、河南入豫州。交州併入荊州。則省司、涼、幽、并、交，而復禹貢之九州矣。此操自領冀州牧，欲廣其所統以制天下耳。（《通鑑》卷六六，《漢紀》第五八胡注）

（三）是年夏，獻帝策命操為魏公，加九錫。

〈武帝紀〉：

五月丙申，天子使御史大夫郗慮持節，策命公為魏公。曰：

「朕以不德，少遭愍凶。越在西土，遷於唐、衛。當此之時，羣凶覬覦，分裂諸夏，率土之民，朕無獲焉。乃誘天衷，誕育丞相。保乂我皇家，弘濟於艱難，朕實賴之。今將授君典禮，其敬聽朕命。

昔者董卓初興國難，羣后釋位，以謀王室。君則攝進，首啟戎行，此君之忠於本朝也。後及黃巾，反易天常，侵我三州，延及平民，君又翦之，以寧東夏，此又君之功也。韓暹、楊奉專用威命，君則致討，克黜其難；遂遷許都，造我京畿；此又君之功也。袁術僭逆，肆於淮南。慴憚君靈，用丕顯謀。蘄陽之役，橋蕤授首。稜威南邁，術以隕潰，此又君之功也。袁紹逆亂天常，謀危社稷。憑恃其眾，稱兵內侮。君奮其武怒，運其神策，致屆官渡，大殲醜類，俾我國家，拯於危墜，此又君之功也。濟師洪河，拓定四州；袁譚、高幹，咸梟其首。海盜奔迸，黑山順軌，此又君之功也。烏丸三種，崇亂二世。袁尚因之，逼據塞北。束馬懸車，一征而滅；此又君之功也。劉表背誕，不供貢職。王師首路，威風先逝，百城八郡，交臂屈膝；此又君之功也。馬超、成宜，同惡相濟，殄之渭南，獻馘萬計；遂定邊境，撫和戎狄，此又君之功也。君有定天下之功，重之以明德，吏無苛政，民無懷慝。雖伊尹格於皇天，周公光於四海，方之蔑如也。

今以冀州之河東、河內、魏郡、趙國、中山、常山、鉅鹿、安平、甘陵、平原，凡十郡，封君為魏公。其以丞相領冀州牧如故。又加君九錫，其敬聽朕命。」（《魏志》卷一）

（四）是年秋，植有〈離友〉詩贈夏侯威。

〈離友〉詩序云：

鄉人有夏侯威者，少有成人之風。余尚其為人，與之昵好。王師振旅，送余於魏邦，心有眷然，為之隕涕。乃作〈離友〉之詩。（《藝文類聚》卷二十一，《曹集》卷五）

原作二首從略。

《世語》曰：

威字季權，任俠。貴歷荊、兗二州刺史。（《魏志》卷九〈夏侯淵傳〉注引）

按是年夏，植隨軍自譙還鄴，夏侯威送至魏都，至秋乃別，因作〈離友〉詩二首以贈之。

(五)是年秋，獻帝聘操三女憲、節、華為貴人。

〈武帝紀〉：

秋七月，天子娉公三女為貴人，少者待年於國。

〈紀〉引《獻帝起居注》曰：

使使持節行太常大司農安陽亭侯王邑，齎璧、帛、玄纁、絹五萬匹，之鄴納娉。介者五人，皆以議郎行大夫事。副介一人。(《魏志》卷一)

〈皇后紀〉：

建安十八年，操進三女：憲、節、華為夫人。聘以束帛、玄纁五萬匹，少者待年於國。(《後漢書》卷十)

(六)是年秋，操作金虎臺於鄴城，與銅爵、冰臺並稱三臺。

〈武帝紀〉：

九月，作金虎臺。(《魏志》卷一)

按金虎臺去銅爵臺六十步。潘眉曰：

凡受九錫者，必有金虎符，第一至第五；左竹使符，第一至第十。(曹)公以是

年受九錫，金虎臺之作，所以彰錫命也。（《三國志考證》）

**（七）是年冬，魏初置尚書、侍中六卿。**

《魏氏春秋》曰：

以荀攸為尚書令，涼茂為僕射，毛玠、崔琰、常林、徐奕、何夔為尚書，王粲、杜襲、衛覬、和洽為侍中。（《魏志·武帝紀》注引）

**（八）是年郎中令袁渙請魏武徵求圖籍，復興文教事業。**

〈袁渙傳〉：

魏國初建，為郎中令，行御史大夫事。渙言於太祖曰：「今天下大難已除，文武並用，長久之道也。以為可大收篇籍，明先聖之教，以易民視聽，使海內斐然向風。」（《魏志》卷十一）

按《後漢書·儒林列傳》云：

初，光武遷還洛陽，其經牒祕書，載之二千餘輛。自此以後，三倍於前。及董卓移都之際，吏民擾亂，自辟雍、東觀、蘭臺、石室、宣明、鴻都諸藏典策文章，競共剖散。其縑帛圖書，大則連為帷蓋，小乃制為縢囊。及王允所收而西者，裁七十餘乘。道路艱遠，復棄其半矣。後長安之亂，一時焚蕩，莫不泯盡焉。

袁氏請徵集圖書，不僅為當日復興文教所必需，而兩漢以前之文獻亦多賴以保存，誠盛事也。

**（九）是年魏祕書郎，大司農鄭默生。著有《中經》傳於世。**

按默為臨淄侯文學鄭袤之子，字思玄，河南開封人。初為魏祕書郎，後遷大司農，光祿勳。

《晉書・本傳》云：

默，袤子，字思玄，為人敦重，柔而能整。仕魏為祕書郎，考覈舊文，刪省浮穢。中書令虞松謂曰：「而今而後，朱紫別矣。」

梁阮孝緒《七錄》序亦云：

魏晉之世，文籍逾廣，皆藏祕書、中、外三閣。魏祕書郎鄭默刪定舊文，時之論者，謂為朱紫有別。晉領祕書監、尚書令荀勗，因魏《中經》更著《新簿》。

## ◉建安十九年甲午（西元二一四年）二十三歲

**（一）是年徙封臨淄侯**

〈本傳〉云：

十九年，徙封臨淄侯。

按臨淄為古營丘地。周初，封太公望於齊，都營丘。後五世胡公遷薄姑，弟獻公徙臨淄。《國策・齊策》所謂臨淄之中七萬戶者，是也。漢置臨淄縣，屬齊郡。後漢入青州，常為刺史所在地。故城在今山東臨淄縣北八里。

**（二）是年春，獻帝遣使迎女弟憲、節於鄴，植有〈敘愁賦〉。**

〈敘愁賦〉序云：

時家二女弟，故漢皇帝聘以為貴人，家母見二弟愁思，故令余作賦。（《藝文類聚》卷三五）賦文從略。

《獻帝起居注》曰：

使行太常事大司農安陽（亭）侯王邑與宗正劉艾皆持節，介者五人。齎束帛、駟馬，迎二貴人於魏公國。二月癸酉，又於魏公宗廟授二貴人印綬。甲子，詣魏公宮延秋門迎貴人升車。魏遣郎中令、少府、博士、御府乘黃廄令、丞相掾屬侍送貴人。乙亥，二貴人入宮，御史大夫、中二千石將大夫、議郎會殿中。魏國二卿及侍中、中郎二人，與漢公卿並升殿宴。（《魏志．武帝紀》注引）

**（三）是年夏，劉備破劉璋，據益州。**

《魏志．武帝紀》以此事繫於二十年，與《蜀志》不合。應以〈先主傳〉為是。

**（四）是年秋，操東征孫權，植留守鄴都，有〈東征賦〉。**

〈東征賦〉序云：

建安十九年，王師東征吳寇，余典禁兵，衛宮省。然神武一舉，東夷必克。想見振旅之盛，故作賦一篇。（《藝文類聚》卷五九）文殘缺從略。

〈本傳〉云：

太祖征孫權，使植留守鄴。戒之曰：「吾昔為頓丘令，年二十三。思此時所行，無悔於今。今汝年亦二十三矣，可不勉歟？」（《魏志》卷十九）

（五）時操久不立太子，頗有意於植；植不自彫勵，任性而行。

〈本傳〉云：

植既以才見異，而丁儀、丁廙、楊修等為之羽翼。太祖狐疑，幾為太子者數矣。而植任性而行，不自彫勵，飲酒不節。文帝御之以術，矯情自飾。宮人左右並為之說，故遂定為嗣。（《魏志》卷十九）

（六）是年植有書與朝歌長吳季重，論文章政事。

書曰：

季重足下：前日雖因常調，得為密坐，雖讌飲彌日，其於別遠會稀，猶不盡其勞積也。若夫觴酌凌波於前，簫笳發音於後，足下鷹揚其體，鳳歎虎視，謂蕭、曹不足儔，衛、霍不足侔也。左顧右盼，謂若無人，豈非吾子壯志哉？過屠門而大嚼，雖不得肉，貴且快意。當此之時，願舉泰山以為肉，傾東海以為酒，伐雲夢之竹以為笛，斬泗濱之梓以為箏；食若填巨壑，飲若灌漏卮。其樂固難量，豈非大丈夫之樂哉？然日不我與，曜靈急節，面有逸景之速，別有參商之闊。思欲抑六龍之首，頓羲和之轡，折若木之華，閉濛汜之谷。天路高邈，良無由緣，懷戀反側，如何如何？

得所來訊，文采委曲。曄若春榮，瀏若清風，申詠反覆，曠若覩面。其諸賢所著文章，想還所治，復申詠之也。夫文章之難，非獨今也。古之君子，猶亦病諸。家有千里驥而不珍焉，人懷盈尺和氏而無貴矣。

夫君子而不知音樂，古之達論謂之通而蔽。墨翟不好伎，何為過朝歌而迴車乎？足下好伎，而正值墨翟迴車之縣，想足下助我張目也。

又聞足下在彼，自有佳政。夫求而不得者，有之矣；未有不求而自得者也。且改轍而行，非良樂之御；易民而治，非楚鄭之政；願足下勉之而已矣。（《文選》卷四十二，《曹集》卷九）

按吳季重為魏太子四友之一，夙為丕所倚重，儲位問題，質居中策劃，多所贊襄。丕得立為太子，質有力焉。植平日於質之才學，頗加敬重。惟於質之政治傾向，不能無介於懷。書中傲睨諷諭，故作周旋，猜忌之情，隱約可見。

（七）是年冬，操殺伏皇后及其二皇子。

〈武帝紀〉：

漢皇后伏氏，坐昔與父故屯騎校尉完書，云帝以董承被誅，怨恨公。辭甚醜惡，

發聞，后廢黜死，兄弟皆伏法。（《魏志》卷一）

〈皇后紀〉：

獻帝伏皇后諱壽，琅琊東武人。父完尚桓帝女安陽公主，為侍中。初平元年，從大駕西遷長安，后時入掖廷，為貴人。興平二年，立為皇后，完遷執金吾。建安元年，拜完輔國將軍。完以政在曹氏，自嫌尊戚，乃上印綬，拜中散大夫，尋遷屯騎校尉。十四年卒。董承女為貴人，操誅承，而求貴人殺之。帝以貴人有姙，屢為請，不能得。后自是懷恨，乃與父完書，言曹操殘逼之狀，令密圖之。完不敢發。至十九年，事乃露洩。操追，大怒，遂逼帝廢后。又以尚書令華歆為郗慮副，勒兵入宮收后，（后）閉戶藏壁中。歆就牽后出，遂將后下暴室，以幽崩。所生二皇子皆酖殺之。（《後漢書》卷十下）

◉建安二十年乙未（西元二一五年）二十四歲

（一）是年春，獻帝以操中女節為皇后。

〈武帝紀〉：

二十年春正月，天子立公中女為皇后。（《魏志》卷一）

〈皇后紀〉：

獻穆曹皇后諱節，魏公曹操之中女也。建安十八年，操進三女憲、節、華為夫人。十九年，並拜為貴人。及伏皇后被弒，明年，立節為皇后。（《後漢書》卷十）

（二）是年春，操西征張魯，植留鄴，未從行。

《魏略》曰：

太祖征漢中，太子在孟津。聞（鍾）繇有玉玦，欲得之，而難公索。使臨淄侯轉因人說之，繇即送之。太子與繇書。（《文選》卷四二〈魏文帝與鍾大理書〉一首，李善注）書曰：

近日南陽宗惠叔稱君侯昔有美玦，聞之驚喜，笑與抃會。當自白書，恐傳言未審，是以令舍弟子建因荀仲茂時，從容喻鄙旨。乃不忽遺，厚見周稱。鄴騎既到，寶玦初至，縲窮匣開，爛然滿目。（《魏志》卷十三）

（三）時王粲、丁儀從軍西征，植有〈贈丁儀王粲〉詩。（《文選》李善注：建安二十年，西征張魯。）

詩曰：

從軍度函谷，驅馬出西京。山岑高無極，涇渭揚濁清。壯哉帝王居，佳麗殊百城。員闕出浮雲，承露概泰清。皇佐揚天惠，四海無交兵。權家雖愛勝，全國為令名。君子在末位，不能歌德聲。丁生怨在朝，王子歡自營。歡怨非貞則，中和誠可經。（《文選》卷二四，《曹集》卷五）

按此詩為植代表作，沈休文所謂子建函京之作，直舉胸臆，非傍詩史。正以音律調韻，取高前式。劉坦之亦謂子建從征張魯，歷覽西都城闕之壯麗。惜二子俱在末位，不能樂於其職，歌頌太祖之德音，故贈此詩以勉之。朱緒曾亦謂建安二十年征張魯，植與粲俱從行，《魏志》於〈植傳〉不言者，蓋略也。劉、朱二氏皆以植當日曾從軍西征，然《魏略》已明言太祖征漢中，太子在孟津。而植在鄴正受兄丕之命，因荀仲茂，向鍾繇求玦。〈魏文帝與鍾大理書〉所云：「鄴騎既到，寶玦初至。」是也。黃節曰：「此詩言『全國令名』，亦在張魯既平，還鄴以後，非贈于粲在軍中時也。」

**（四）是年秋，操入南鄭，巴漢皆降。王粲作詩以美其事。**

〈張魯傳〉：

魯雄據巴、漢，垂三十年。漢末，力不能征。建安二十年，太祖乃自散關出武都征之。至陽平關，魯欲舉漢中降，其弟衛不肯，率眾數萬人，拒關堅守。太祖攻破之，遂入蜀。（《魏志》卷八）

〈武帝紀〉：

三月，公西征張魯，至陳倉。夏四月，公自陳倉以出散關，至河池。秋七月，公至陽平。張魯使弟衛與將楊昂等據陽平關。公乃乘險夜襲，大破之，斬其將楊任。進攻衛，衛等夜遁，魯潰奔巴中。公軍入南鄭，盡得魯府庫珍寶，巴、漢皆降。十二月，公自南鄭還，留夏侯淵屯漢中。

裴松之注曰：

是行也，侍中王粲作詩以美其事（按即〈從軍行〉）。（《魏志》卷一〈武帝紀〉）

（五）是年操殺祕書令路粹於漢中軍次。

《典略》曰：

粹字文蔚，少學於蔡邕。建安初，以高才與京兆嚴象擢拜尚書郎。粹後為軍謀祭酒，與陳琳、阮瑀等典記室。及孔融有過，太祖使粹為奏，承指數致融罪。融誅之後，人覩粹所作，無不嘉其才而畏其筆也。至十九年，粹轉為祕書令，從大軍至漢中，坐違禁賤請驢伏法。太子素與粹善，聞其死，為之歎息。（《魏志》卷二十一〈王粲傳〉注引）

**（六）是年異母弟趙王幹生。**

《魏略》曰：

幹，一名良，本陳妾子。良生而陳氏死，太祖令王夫人養之。良年五歲而太祖疾困。遺令語太子曰：「此兒三歲亡母，五歲失父，以累汝也。」太子由是親待，隆於諸弟。（《魏志》卷二十〈武文世王公傳〉注引）

錢大昕云：

按魚豢《魏略》，稱良五歲失父，當生於建安二十一年丙申矣。然二十年已封亭侯，則五歲之說，未得其實。（《廿二史考異》卷十五）

按魏武卒於建安廿五年春正月，由二十年至廿五年，適為五年。如是則趙王幹五歲失父之說，未為不實，蓋古人以周歲增年。《魏略》不誤。

（七）是年漢尚書左丞潘勗卒。

《文章志》曰：

勗字元茂，初名芝，改名勗。獻帝時，為尚書郎，遷右丞。詔以勗前在二千石曹，才敏兼通，明習舊事。敕并領本職，數加特賜。二十年，遷東海相。未發，留拜尚書左丞。其年病卒，時年五十餘。魏公九錫策命，勗所作也。（《魏志》卷二十一〈衛覬傳〉注引）

（八）是年晉處士皇甫謐生。

〈皇甫謐傳〉：

謐字士安，安定朝那人。漢太尉嵩之曾孫也。居貧，躬自稼穡。帶經而農，遂博綜典籍百家之言。沉靜寡欲，以著述為務。自號玄晏先生。後得風痺疾，猶手不輟卷。

或勸謐修名廣交，謐以為「居田里之中，亦可以樂堯舜之道。何必崇接勢利，事官鞅掌，然後為名乎？」遂不仕。耽玩典籍，忘寢與食。時人謂之「書淫」。

時魏郡召計上掾，舉孝廉；景元初，相國辟，皆不行。又舉賢良方正，并不起。咸寧初，以謐為太子中庶子，謐固辭篤疾。尋復發詔徵為議郎，又召補著作郎，并不應。太康三年卒，時年六十八。

所著詩、賦、誄、頌、論、難甚多。又撰《帝王世紀》、《年曆》、《高士》、《逸士》、《列女》等傳、《玄晏春秋》，並重於世。（《晉書》卷五十一）

◉建安二十一年丙申（西元二一六年）二十五歲

（一）是年春，植當留居鄴。與丁儀、丁廙、楊修等時相過從。〈贈丁儀〉、〈贈丁廙〉、〈贈徐幹〉諸詩，或作於是年。三詩俱見《文選》卷二十四。時植才名方盛，寵愛正隆。優遊鄴下，寄興篇章。〈神龜賦〉至遲亦當作於是年。越明年，王粲卒於征吳途中，而陳琳亦卒於魏都大疫矣。（〈神龜賦〉見《類聚》卷九六，《初學記》卷三十。）

〈武帝紀〉：

二十一年春二月，公還鄴。三月壬寅，公親耕籍田。（《魏志》卷一）

（二）是年夏，操進爵為魏王。

〈武帝紀〉：

夏五月，天子進公爵為魏王。

裴注引〈獻帝傳〉載詔曰：

往者初開魏國，錫君土宇，懼君之違命，慮君之固辭，故且懷志屈意，封君為上公。今進君爵為魏王，使使持節行御史大夫、宗正劉艾奉策璽玄土之社，苴以白茅。金虎符第一至第五，竹使符第一至第十，君其正王位，以丞相領冀州牧如故。（同上）

（三）是年植兄弟封侯者四人，彰、袞、峻、彪。姊妹皆為公主。

〈任城王彰傳〉：

建安二十一年封鄢陵侯。（《魏志》卷十九）

〈武文世王公傳〉：

中山王袞，建安二十一年封平鄉侯。恭王峻，建安二十一年封鄗侯。楚王彪，建安二十一年封壽春侯。（《魏志》卷二十）

〈武帝紀〉：

天子命王女為公主，食湯沐邑。（《魏志》卷一）

（四）是年操殺中尉崔琰，廢尚書僕射毛玠，太子派頗失意。

〈崔琰傳〉：

琰聲姿高暢，眉目疏朗，鬚長四尺，甚有威重，朝士瞻望，而太祖亦敬憚焉。有白琰傲世怨謗者，太祖怒，於是罰琰為徒隸。使人視之，辭色不撓。太祖令曰：「琰雖見刑，而通賓客，門若市人。對賓客虬鬚直視，若有所瞋，」遂賜琰死。（《魏志》卷十二）

〈毛玠傳〉：

崔琰既死，玠內不悅。後有白玠者，太祖大怒，收玠付獄。時桓階、和洽進言救玠，玠遂免黜。（同上）

〈桓階傳〉：

毛玠、徐奕以剛蹇少黨，而為西曹掾丁儀所不善。儀屢言其短，賴階左右以自保全。（《魏志》卷二十二）

〈徐奕傳〉：

（奕）復還為東曹屬，丁儀等見寵於時，并害之，而奕終不為動。

裴注引《魏書》曰：

或謂奕曰：「夫以史魚之直，孰與蘧伯玉之智？丁儀方貴重，宜思有以下之。」奕曰：「以（曹）公明聖，儀豈得久行其偽乎？且姦以事君者，吾所能禦也。子寧以他規我。」（《魏志》卷十二）

《魏書》曰：

時丁儀兄弟方進寵，儀與（何）夔不合。尚書傅巽謂夔曰：「儀不相好已甚。子友毛玠，玠等儀已害之矣。子宜少下之。」夔曰：「為不義適足以害其身，焉能害人？且懷姦佞之心，立於明朝，其能久乎？」夔終不屈志。（同上〈何夔傳〉注引）

（五）是年植有書與楊德祖，慨然以文章功業自許。〈鶡賦〉、〈大暑賦〉亦當作於此時。楊答植牋云：「對鶡而辭。」又云：「作〈暑賦〉彌日而不獻。」（〈暑賦〉見《類聚》卷四，〈鶡賦〉見《類聚》卷九十）

書曰：

（前略）今往僕少小所著辭賦一通相與。辭賦小道，固未足以揄揚大義，彰示來世也。昔揚子雲先朝執戟之臣耳，然猶稱「壯夫不為」也。吾雖德薄，位為藩侯，猶庶幾戮力上國，流惠下民，建永世之業，流金石之功，豈徒以翰墨為勳績，辭賦為君子哉！若吾志不果，吾道不行，亦將採史官之實錄，辨時俗之得失，定仁義之衷，成一家之言，雖未能藏之名山，將以傳之同好。此要之白首，豈可以今日論乎？其言之不怍，恃惠子之知我也。（《魏志・本傳》注引）

（六）是年操東征孫權，植當與母兄等隨行。

〈武帝紀〉：

冬十月，治兵，遂征孫權。十一月，至譙。（《魏志》卷一）

《魏略》曰：

二十一年十月，太祖東征，武宣皇后、文帝及明帝、東鄉公主皆從。（《魏志》卷五〈甄后傳〉注引）

其未言臨淄侯植者，蓋略也。

◉建安二十二年丁酉（西元二一七年）二十六歲

（一）是年增邑五千，為萬戶侯。〈釋思賦〉亦當作於此時。因鄙戴公子整奉從叔父郎中紹後，建安二十二年封鄙侯（見《魏志・武文世王公傳》）

〈本傳〉云：

二十二年，增植邑五千，并前萬戶。（《魏志》卷十九）

〈釋思賦〉序云：

家弟出養族父郎中，伊予以兄弟之愛，心有戀然，作此賦以贈之。（《類聚》卷二十一）

（二）是年春，操進軍居巢，侍中王粲道病卒。植有〈王仲宣誄〉。

〈王粲傳〉：

建安二十一年，從征吳。二十二年春，道病卒，時年四十一。（《魏志》卷二十一）

〈王仲宣誄〉序曰：

建安二十二年正月二十四日戊申，魏故侍中關內侯王君卒。嗚呼哀哉！皇穹神察，哲人是恃。如何靈祇，殲我吉士。誰謂不痛？早世即冥。誰謂不傷？華繁中零。存亡分流，夭遂同期。朝聞夕沒，先民所思。何用誄德？表之素旗。何以贈終？哀以送之。遂作誄曰：

猗歟侍中，遠祖彌芳。公高建業，佐武伐商。晉獻賜封，於魏之疆。天開之祚，末胄稱王。會遭陽九，炎光中矇。世祖撥亂，爰建時雍。三臺樹位，履道是鍾。寵爵之加，匪惠惟恭。自君二祖，為光為龍。僉曰休哉，宜翼漢邦。或統太尉，或掌司空。百揆惟敘，五典克從。伊君顯考，奕葉佐時。入管機密，朝政以治。

君以淑懿，繼此洪基。強記洽聞，幽讚微言。文若春華，思若涌泉。發言可詠，下筆成篇。皇家不造，京室隕顛。宰臣專制，帝用西遷。君乃羈旅，離此阻艱。翕然鳳舉，遠竄荊蠻。身窮志遠，居鄙行鮮。振冠南嶽，濯纓清川。

我公奮鉞，耀威南楚。荊人或違，陳戎講武。君乃義發，算我師旅。高尚霸功，投身帝宇。我公實嘉，表揚京國。金龜紫綬，以彰勳則。乃署祭酒，與軍行止。算無遺策，劃無失理。

我王建國，百司雋乂。君以顯舉，秉機省闥。戴蟬珥貂，朱衣皓帶。入侍帷幄，出擁華蓋。嗟彼東夷，憑江阻湖。騷擾邊境，勞我師徒。光光戎輅，霆駭風徂。君侍華轂，輝輝王塗。如何不濟，運極命衰。寢疾彌留，吉往凶歸。嗚呼哀哉！翩翩孤嗣，號慟崩摧。發軫北魏，遠迄南淮。經歷山河，泣涕如頹。哀風興感，行雲徘徊。

嗚呼哀哉！

吾與夫子，義貫丹青。好和琴瑟，分過友生。庶幾遐年，攜手同征。如何奄忽，棄我夙零。感昔宴會，志各高厲。余戲夫子，金石難弊。人命靡常，吉凶異制。此驩之人，孰先隕越？何寤夫子，果乃先逝。倘獨有靈，游魂泰素。我將假翼，要子天路。喪柩既臻，將及魏京。孰云仲宣，不聞其聲。延首歎息，雨泣交頸。嗟乎夫子，永安幽冥。人誰不歿，達士徇名。生榮死哀，亦孔之榮。嗚呼哀哉！

按植生平所作哀誄，惟此篇與〈文帝誄〉較為完整，餘皆殘缺不全。此文先敘世系，次及才行，次及宦跡，次及永訣，末言交誼，不惟排比得法，而且情詞愷摯，為哀誄中最典型之作品。《昭明文選》誄文類首列是篇，不為無見。惟原文過長，略加刪節，以省篇幅。

(三) 是年春，操以征吳無功，乃引軍還。植與母兄等當隨行。

〈武帝紀〉：

二十二年春正月，王軍居巢。二月，進軍屯江西郝谿。權在濡須口築城拒守，遂逼攻之，權退走。三月，王引軍還，留夏侯惇、曹仁、張遼等屯居巢。（《魏志》卷一）

按居巢即今巢湖，上通焦湖，濡須正扼其衝。諸葛亮所謂：「曹操四越巢湖不成。」是也。

**（四）是年夏，魏作泮宮，植有〈學官頌〉**（見《類聚》卷三八）

〈武帝紀〉：

二十二年五月，作泮宮。（《魏志》卷一）

〈學官頌〉序云：

自五帝典絕，三王禮廢，應期命世，齊賢等聖者，莫高於孔子也。故有若曰：「出乎其類，拔乎其萃。」誠所謂性與天道不可得而聞矣。由也務學，名在前志。宰予晝寢，糞土作誡。過庭子弟，《詩》、《禮》明記。歌以永言，文以騁志。予今不述，後賢曷識？頌曰：

於鑠尼父，生民之傑。性與天成，該聖備藝。學者三千，莫不俊乂。惟仁可憑，惟道足恃。鑽仰彌高，請益不已。

按漢魏之際，雖崇尚老莊，然孔子聖人地位與六藝經傳，并未嘗廢棄。魏武半生戎馬，仍手不捨書，晝則講武策，夜則讀經傳。魏文受禪之後，即以議郎孔羨為宗聖侯，奉孔子祀。又令魯郡修起舊廟，廣為宮室，以居學者。并立太學，制五經課試之法，置《春秋穀梁》博士。此後曹魏諸帝，類皆以尊孔崇儒，為政教之本。高貴鄉公尤好經學，嘗從博士淳于俊問《周易》，從司空鄭沖受《尚書》。又與博士庾峻辨論經義。著有《春秋左氏傳音義》三卷。以帝子窮經，稱為儒林之盛事。曹魏經學，在諸帝倡導之下，不惟古義未絕，而且新知轉增。鴻儒蔚起，著述如林。尤以王肅父子遍注羣經，卓然為一代經師。鄭玄而後，無出其右者。子建幼年時期之家庭教育，既以六藝經傳為中心，而其良師益友，如崔琰、邢顒、任嘏、徐幹、王粲、邯鄲淳之徒，亦皆經明行修，學有本原。與之左右周旋，耳濡目染，影響自深。其尊孔崇經之思想，有由來矣。

**（五）時植以驕縱見疎，自出司馬門後，寵愛日衰。**

〈本傳〉云：

植嘗乘車行馳道中，開司馬門出。太祖大怒，公車令坐死。由是重諸侯科禁，而植寵日衰。（《魏志》卷十九）

《世語》曰：

太祖遣太子及植各出鄴城一門，密敕門不得出，以觀其所為。太子至門，不得出而

還。（楊）修先戒植：「若門不出侯，侯受王命，可斬守者。」植從之。（〈本傳〉注引）

《魏武故事》載：

令曰：「始者謂子建，兒中最可定大事。」又令曰：「自臨淄侯植私出，開司馬門至金門，令吾異目視此兒矣。」（〈本傳〉注引）

司馬彪曰：

人有白修與臨淄侯曹植飲醉共載，從司馬門出，謗訕鄢陵侯彰。太祖聞之大怒，故遂收修殺之。（《後漢書・楊彪傳》李賢注）

酈道元曰：

渠水自銅駝街東逕司馬門南。自此南直宣陽門，經緯通達，皆列馳道。往來之禁，一同兩漢。曹子建嘗行御街，犯門禁，以此見薄。（《水經注》卷十六〈穀水注〉）

潘眉曰：

宮門謂之司馬門，每門立司馬主之。如《百官志》：南宮，有南屯司馬，主宮門；蒼龍司馬，主東門；玄武司馬，主玄武門；北屯司馬，主北門。北宮，則有朱雀司馬，主南掖門；東明司馬，主東門；朔平司馬，主北門是也。（《三國志考證》卷五）

（六）是年冬，操立五官中郎將丕為魏太子。

〈武帝紀〉：

二十二年冬十月，天子命王冕十有二旒，乘金根車，駕六馬，設五時副車。以五官中郎將丕為魏太子。（《魏志》卷一）

〈魏武立太子令〉：

告子文：汝等悉為侯，而子桓獨不封，止為五官中郎將，此是太子可知矣。（《御覽》卷二百四十一引）

按鄢陵侯曹彰字子文，植之同母兄，丕之同母弟也。丕立為魏太子，彰或不滿，操乃以此令告之。後操崩於洛陽，彰由長安來赴，竟向賈逵問先王璽、綬所在，可知其餘憾未消也。後即以此為魏文帝所害，黃初四年，暴卒於京都。

〈武宣卞皇后傳〉：

文帝為太子，左右長御賀后曰：「將軍拜太子，天下莫不歡喜。后當傾府藏賞賜。」后曰：「王自以丕年大，故用為嗣。我但當以免無教導之過為幸耳，亦何為當重賜遺乎！」長御還，具以語太祖。太祖悅曰：「怒不變容，喜不失節，故是最為

難。」（《魏志》卷五）

《世語》曰：

（辛）毗女憲英，聰明有才鑒。初文帝與陳思王爭為太子，既而文帝得立，抱毗頸而喜曰：「辛君！知我喜否？」毗以告憲英，憲英歎曰：「太子，代君主宗廟社稷者也。代君不可以不戚，主國不可以不懼；宜戚而喜，何以能久？魏其不昌乎！」（《魏志》卷二五〈辛毗傳〉注引）

（七）是年冬，鄴中大疫。徐幹、陳琳、應瑒、劉楨，皆罹疫而卒。植有〈說疫氣〉、〈辯道論〉。

〈王粲傳〉：

幹、琳、瑒、楨二十二年卒。文帝書與元城令吳質曰：「昔年疾疫，親故多罹其災。徐、陳、應、劉，一時俱逝。觀古今文人，類不護細行，鮮能以名節自立。而偉長獨懷文抱質，恬淡寡欲，有箕山之志，可謂彬彬君子矣。著《中論》二十餘篇，辭義典雅，足傳於後。德璉常斐然有述作意，其才學足以著書，美志不遂，良可痛惜。孔璋章表殊健，微為繁富。公幹有逸氣，但未遒耳。元瑜書記翩翩，致足樂也。仲宣獨自善於

辭賦，惜其體弱，不起其文。至於所善，古人無以遠過也。」（《魏志》卷二十一）

〈說疫氣〉曰：

建安二十二年，癘氣流行，家家有僵尸之痛，室室有號泣之哀。或闔門而殪，或覆族而喪。或以為疫者，鬼神所作。夫罹此者，悉被褐茹藿之子，荊室蓬戶之人耳。若夫殿處鼎食之家，重貂累蓐之門，若是者尠焉。此乃陰陽失位，寒暑錯時，是故生疫。而愚民懸符厭之，亦可笑也。（《類聚》卷九六，《御覽》卷七四二）

〈辯道論〉云：

世有方士，吾王悉所招致。甘陵有甘始，廬江有左慈，陽城有郄儉。始能行氣導引，慈曉房中之術，儉善辟穀，悉號三百歲。卒所以集之於魏國者，誠恐斯人之徒，接姦宄以欺眾，行妖慝以惑民，故聚而禁之也。豈復欲觀神仙於瀛洲，求安期於海上，釋金輅而履雲輿，棄六驥而羨飛龍哉！自家王與太子及余兄弟，咸以為調笑，不信之矣。（《魏志》卷二九〈華佗傳〉注）

按〈辯道論〉各本所載不同，張溥本分為二篇，《續古文苑》又據〈辨正論〉，并薈萃羣書，訂補為一篇。其字句間之裁鑒雖頗精審，然非原作之本來面目。余按此文前後所論，并非一事，亦非一篇，疑非一時之作，且有作於臨淄侯時期者。文中稱曹操為家王，曹丕為太子，當作於建安二十二年十月至二十五年正月之間。又植〈說疫氣〉云：「愚民懸符厭之。」可證其時巫史盛行，疑〈辯道論〉之創作或稍後於是時。楊晨《三國會要》以此篇繫於黃初五年詔禁巫史後。殆以性質分類也。

（八）是年晉司隸校尉傅玄生。

〈傅玄傳〉：

玄字休奕，北地泥陽人。少孤貧，博學，善屬文，解鍾律。州舉秀才，除郎中。與東海繆施，俱以時譽選入著作，撰集《魏書》。武帝為晉王，以玄為散騎常侍。及受禪，加駙馬都尉，俄遷侍中。

泰始四年，為御史中丞。五年，遷太僕，轉司隸校尉，尋卒於家，時年六十二。玄少時避難於河內，專心誦學。後雖顯貴，而著述不廢。撰論經國九流及三史故事，評斷得失，各為區別，名為《傅子》。為內、外、中篇數十萬言，并文集百餘卷行於世。（《晉書》卷四七）

（九）是年冬，劉備進兵漢中，操遣曹洪拒之。

〈武帝紀〉：

劉備遣張飛、馬超、吳蘭等屯下辯，遣曹洪拒之。（《魏志》卷一）

〈昭烈紀〉：

二十二年冬，昭烈進兵漢中，分遣張飛、馬超、吳蘭等屯下辯；又遣雷銅等入武都。（郝經《續後漢書》卷二）

◉建安二十三年戊戌（西元二一八年）二十七歲

（一）當留居鄴。是年春，植有〈侍太子坐〉、〈芙蓉池〉詩。〈寶刀賦〉、〈寶刀銘〉亦當作於是年。

〈侍太子坐〉詩曰：

白日曜青春，時雨淨飛塵。寒冰辟炎景，涼風飄我身。清醴盈金觴，肴饌縱橫陳。齊人進奇樂，歌者出西秦。翩翩我公子，機巧忽若神。（《藝文類聚》卷三九，《太平御覽》卷五三九）

〈芙蓉池〉詩見《類聚》卷九。曹丕亦有此篇，或同作也。

〈寶刀賦〉序云：

建安中，家父魏王乃命有司造寶刀五枚，三年乃就。以龍、虎、熊、馬、雀為識。太子得一，余及余弟饒陽侯，各得一焉。其餘二枚，家王自杖之。

〈魏武令〉曰：

百煉利器，以辟不祥，懾服姦宄者也。往歲作百辟刀五枚，適成，先以一與五官將。其餘四，吾諸子中，有不好武而好文者，將以次第與之。（見《類聚》卷六十，《白帖》卷十三，《御覽》卷三四六，惟《書鈔》卷一二三作〈寶刀劍賦〉）

〈魏武令〉稱丕五官將，〈寶刀賦〉稱太子。按建安二十二年冬十月，魏以五官將為太子，可知〈令〉在〈賦〉先。〈令〉曰：「往歲作百辟刀五枚，適成，先以一與五官將。」則是時植尚未得寶刀。丕或因得寶刀而命王粲作〈刀銘〉，〈銘〉序云：「侍中、關內侯臣粲言：奉命作〈刀銘〉。」粲卒於二十二年正月，〈刀銘〉當作於二十一年。〈令〉又曰：「吾諸子中，有不好武而好文者，將以次第與之。」植得寶刀後作〈賦〉稱丕太子，當在二十二年冬十月之後。其時王粲已卒，故粲〈銘〉與植〈賦〉並非同作。丕、植得寶刀有先後，因寶刀而作〈銘〉、〈賦〉當亦有先後也。植〈寶刀賦〉或作於二十三年，距丕立為太子僅數月耳。

〈寶刀銘〉見《類聚》卷六十，《初學記》卷二二，文殘從略。

**（二）是年春，京兆金禕與大醫令吉本、少府耿紀、司直韋晃等，起兵攻魏，燒丞相長史王必營，為必所殺。**

〈武帝紀〉：

二十三年春正月，漢大醫令吉本與少府耿紀、司直韋晃等反，攻許，燒丞相長史王必營。必與典農中郎將嚴匡共討斬之。

裴松之引《三輔決錄》注曰：

時有京兆金禕字德禕，自以世為漢臣，自日磾討莽何羅，忠誠顯著，名節累葉。覩漢祚將移，謂可季興，乃喟然發憤，遂與耿紀、韋晃、吉本、本子邈、邈弟穆等結謀。欲挾天子以攻魏，南援劉備。時關羽強盛，而王在鄴，留必典兵，督許中事。

（《魏志》卷一，又見《後漢書》卷九〈獻帝紀〉注）

**（三）是年秋，操西征劉備。**

〈武帝紀〉：

秋七月，治兵，遂西征劉備。九月，至長安。（《魏志》卷一）

〈先主傳〉：

二十三年，先主率諸將進兵漢中，次於陽平關，與淵、郃等相拒。（《蜀志》卷二）

按張魯降魏後，操使夏侯淵、張郃等屯漢中，數侵犯巴界，欲進取西蜀。劉備乃先使張飛進兵宕渠，破張郃等於瓦口。是年劉備又親帥諸將進駐陽平。操恐漢中有失，乃治兵西征。然劉備已先入漢中，曹操雖來，亦未能為力矣。

（四）是年丞相主簿繁欽卒。

《典略》曰：

欽字休伯，以文才機辯，少得名於汝、潁。欽既長於書記，又善於詩賦。其所與太子書，記喉轉意，率皆巧麗。為丞相主簿，建安二十三年卒。（《魏志》卷二一〈王粲傳〉注引）

◉建安二十四年己亥（西元二一九年）二十八歲

（一）當仍留居鄴，與丞相主簿楊修過從甚密。

（二）是年春，魏征西將軍夏侯淵敗於陽平，為劉備所殺。魏王自長安馳援漢中，無功而還。

〈武帝紀〉：

二十四年春正月，夏侯淵與劉備戰於陽平，為備所殺。三月，王自長安出斜谷，軍遮要以臨漢中，遂至陽平。備因險拒守。夏五月，引軍還長安。（《魏志》卷一）

〈先主傳〉：

曹公自長安舉眾南征，先主遙策之曰：「曹公雖來，無能為也。我必有漢川矣。」及曹公至，先主斂眾拒險，終不交鋒，積月不拔，亡者日多。夏，曹公果引軍還，先主遂有漢中。（《蜀志》卷二）

按魏武一敗於赤壁，再敗於陽平，荊州既喪，漢中旋失。是後東征西討，無復前進之根據地矣。三分之局，至此始定。魏武之未能統一中國，漢中之役，所關甚大。

（三）是年夏，行女夭亡，植有〈行女哀辭〉。

〈行女哀辭〉序云：

行女生於季秋，而終於首夏。三年之中，二子頻喪。（《藝文類聚》三十四卷）

按《文選》謝靈運〈擬魏太子鄴中集〉詩，李善注引〈行女哀辭〉，有「家王征蜀漢」之語。而操進爵魏王在建安二十一年五月，西征張魯在二十年三月，時操尚未為魏王。二十三年秋七月，西征劉備，九月至長安。二十四年三月，王自長安出斜谷，軍遮要以臨漢中，遂至陽平。備因險拒守，夏五月，引軍還長安。故「家王征蜀漢」乃西征劉備。可知植此文當作於是年夏四月也。

（四）是年秋，操以卞夫人為王后。卞夫人，植生母也。

〈卞皇后傳〉：

二十四年，拜為王后。策曰：「夫人卞氏，撫養諸子，有母儀之德，今進位王后。太子諸侯陪位，羣卿上壽。」（《魏志》卷五）

〈武帝紀〉：

秋七月，以夫人卞氏為王后。（《魏志》卷一）

（五）是年秋，蜀前將軍關羽圍曹仁於樊，并虜于禁，斬龐德。操以植行征虜將軍，欲遣救仁。植醉，不能受命。

〈關羽傳〉：

二十四年，先主為漢中王，拜羽為前將軍，假節鉞。是歲，羽率眾攻曹仁於樊，曹公遣于禁助仁。秋，大霖雨，漢水汎溢，禁所督七軍皆沒。禁降羽，羽又斬（魏）將軍龐德。梁郟、陸渾羣盜，或遙受羽印號，為之支黨。（《蜀志》卷六）

〈武帝紀〉：

秋七月，遣于禁助曹仁擊關羽。八月，漢水溢，灌禁軍，軍沒，羽獲禁，遂圍仁。（《魏志》卷一）

〈本傳〉云：

曹仁為關羽所圍，太祖以植為南中郎將，行征虜將軍，欲遣救仁，呼有所敕戒。植醉，不能受命。於是悔而罷之。

裴松之引《魏氏春秋》曰：

植將行，太子飲焉，偪而醉之。王召植，植不能受王命，故王怒也。（《魏志》卷十九）

（六）是年秋，西曹掾魏諷謀反，文人才士坐死者數千人。一時學者誅戮殆盡。王粲二子及宋衷父子俱及於難。

《世語》曰：

諷字子京，沛人，有惑眾才，傾動鄴都，鍾繇由是辟焉。大軍未反，諷潛結徒黨，又與長樂衛尉陳禕謀襲鄴。未及期，禕懼，告之太子。誅諷，坐死者數千人。（《魏志・武帝紀》注引）

按南陽宋衷父子及王粲二子，亦死於魏諷之難。宋事見《蜀志・尹默傳》引《魏略》；王粲二子事見《魏志・王粲傳》引《文章志》。

（七）是年秋，操殺其主簿楊修；修，植之黨也。

〈本傳〉云：

太祖既慮終始之變，以楊修頗有才策，而又袁氏之甥也，於是以罪誅修。植益內不自安。

注引《世語》曰：

修年二十五，以名公子有才能，為太祖所器。與丁儀兄弟皆欲以植為嗣，太子患之，以車載廢簏，內朝歌長吳質與謀。修以白太祖，未及推驗，太子懼，告質。質曰：「何患？明白復以簏受絹車內以惑之。修必復重白，重白必推而無驗，則彼受罪矣。」世子從之。修果白而無人，太祖由是疑焉。修與賈逵、王淩並為主簿，而為植所友。每當就植，慮事有闕，忖度太祖意，豫作答教十餘條。敕門下，教出以次答。教裁出，答已入。太祖怪其捷，推問始泄。故修遂以交搆賜死。（《魏志》卷十九）

（八）是年劉備自立為漢中王，以子禪為王太子。拔牙門將魏延為鎮遠將軍，領漢中太守。備還治成都。

## ◉建安二十五年庚子（西元二二〇年）二十九歲

（一）當仍留居鄴

（二）是年春，操卒於洛陽，植有〈武帝誄〉，見《類聚》卷十三，文長從略。

〈武帝紀〉：

二十五年春正月，庚子，王崩於洛陽，年六十六。（《魏志》卷一）

〈任城王彰傳〉：

太祖東還，以彰行越騎將軍，留長安。太祖至洛陽，得疾，驛召彰，未至，太祖崩。

注引《魏略》曰：

彰至，謂臨淄侯植曰：「先王召我者，欲立汝也。」植曰：「不可，不見袁氏兄弟乎？」（《魏志》卷十九）

〈賈逵傳〉：

時鄢陵侯彰行越騎將軍，從長安來赴，問逵先王璽綬所在。逵正色曰：「太子在鄴，國有儲副。先王璽綬，非君侯所宜問也。」遂奉梓宮還鄴。（《魏志》卷十五）

**（三）是年春，魏太子丕嗣位為丞相、魏王。**

《魏紀》云：

是時太子在鄴，軍中騷動，羣僚欲祕不發喪。諫議大夫賈逵以為事不可祕，乃發喪。凶問至鄴，太子號哭不已。中庶子司馬孚諫曰：「君王晏駕，天下恃殿下為命；當上為宗廟，下為萬國，奈何效匹夫孝也！」太子良久乃止，曰：「卿言是也。」孚，懿之弟也。羣臣以為太子即位，當須詔命。尚書陳矯曰：「王薨於外，天下惶懼。太子宜割哀即位，以繫遠近之望。且又愛子在側，彼此生變，則社稷危矣。」即具官備禮，一日皆辦。明旦，以王后令，策太子即王位，大赦。漢帝尋遣御史大夫華歆，授太子丞相印、綬，魏王璽、綬，領冀州牧。（《通鑑》卷六十九）

## 五、黃初時期凡七年（延康元年至黃初七年）

◉延康元年（干支、西元紀年及譜主年歲，均與建安二十五年同）

（一）是年春三月，改元延康

〈獻帝紀〉：

建安二十五年，二月丁未朔，日有食之。三月，改元延康。（《後漢書》卷九）

（二）是月，黃龍見譙。

〈文帝紀〉：

初，漢熹平五年，黃龍見譙，光祿大夫橋玄問太史令單颺「此何祥也？」颺曰：

「其國後當有王者興，不及五十年，亦當復見。」內黃殷登默而記之。至四十五年，登尚在。三月，黃龍見譙。登聞之曰：「單颺之言，其驗茲乎！」（《魏志》卷二）

按古代帝王開國之初，類皆侈陳符瑞，以為應天順人，改朝易代之徵。魏文篡漢之先，亦如法泡製，所謂黃龍見譙，郡國十三言黃龍見等。蓋以此惑世愚民，為政治號召資本。由是改曹魏故鄉譙縣為龍譙國，以示炫燿。英雄欺人，此其一例。

（三）魏王丕誅丁儀兄弟，植有〈野田黃雀行〉。舊說謂為儀等作。

〈本傳〉云：

文帝即王位，誅丁儀、丁廙，并其男口。

注引《魏略》曰：

及太子立，欲治儀罪，轉儀為右刺姦掾，欲儀自裁，而儀不能。乃對中領軍夏侯尚叩頭求哀，尚為涕泣而不能救。後遂因職事付獄，殺之。（《魏志》卷十九）

《魏紀》云：

誅右刺姦掾沛國丁儀及弟黃門侍郎廙并其男口，皆植之黨也。（《通鑑》卷六十九）

〈野田黃雀行〉曰：

高樹多悲風，海水揚其波。利劍不在掌，結交何須多。不見籬間雀，見鷂自投羅。羅家得雀喜，少年見雀悲。拔劍捎羅網，黃雀得飛飛。飛飛摩蒼天，來下謝少年。（《曹子建集》卷六）

朱乾曰：

自悲朋友在難，無力援救而作。風波以喻險惡，利劍以喻濟難之權。（《樂府正義》卷一）

黃節曰：

植為此篇，當在收儀付獄之前。深望尚之能救儀，如少年之救雀也。（《曹子建詩注》卷二）

**（四）是年春，植與諸侯皆就國。**

〈任城王彰傳〉：

文帝即王位，彰與諸侯就國。

注引《魏略》曰：

太祖既葬，遣彰之國。始彰自以先王見任有功，冀因此遂見授用。而聞當隨例，

意甚不悅，不待遣而去。（《魏志》卷十九）

〈本傳〉云：

文帝即王位，植與諸侯並就國。（《魏志》卷十九）

按漢代諸侯王常以昆弟之親，久留京師，不遣就國。且車入殿門，即席不拜；分甘損膳，賞賜優渥。魏國初建，曹公寵愛植、彰，并不減於世子丕。然植等未能克讓遠防，以致兄弟之間，終成嫌隙。因此，丕於即王位後，立遣植等歸藩，名為整齊秩序，實係排擯宗室，削弱公族，以鞏固其統治地位。

**（五）是年夏，植欲祭魏武於北河，有〈求祭先王表〉，魏王丕不許。**

〈表〉略曰：

自計遠違以來，有逾旬日。垂竟夏節方到，臣悲傷有心。念先王以夏至日終，自可以今辰告祠。臣雖卑鄙，實稟體於先王，自臣雖貧窶，蒙陛下厚賜，足供大牢之具。臣欲祭先王於北河之上，羊、豬、牛，臣能自辦；杏者，本縣自有。計先王崩來，未能半歲；臣實欲告敬，且復欲盡哀。（《太平御覽》卷三八九，五二六，九三八，九七〇，九七八）

魏王丕止臨淄侯求祭先王詔曰：得月二十八日表，知侯推情，欲祭先王於北河上。覽省上下，悲傷感切。將欲遣禮，以紓侯敬恭之意。會博士鹿優等奏禮如此，故寫以示。開國承家，顧迫禮制；惟侯存心，與吾同之。（《御覽》卷五二六）

博士鹿優、韓蓋等議曰：禮：公子不得稱先君，公子之子不得祖諸侯，謂不得廟而祭之也。禮又曰：庶子不得祭宗廟。（《御覽》卷五二六）

（六）魏王丕南征，軍次於譙，大饗六軍及故鄉父老，有大饗碑紀其盛。或云植作，朱緒曾《曹集考異》已力辨其非。

〈文帝紀〉：

六月辛亥，治兵於東郊。庚午，遂南征。

秋七月甲午，軍次於譙，大饗六軍及譙父老百姓於邑東。

注引《魏書》曰：

令曰：「先王皆樂其所生，禮不忘其本。譙，霸王之邦，真人本出，其復譙租稅

二年。」三老吏民上壽，日夕而罷。丙申，親祀譙陵。（《魏志》卷二）

《水經・陰溝水》注云：

文帝以延康元年幸譙，大饗父老，立壇於故宅。壇前樹碑，題云：「大饗之碑。」

按聞人牟準魏敬侯碑陰云：「魏衛覬文並書。」

〈覬本傳〉云：

覬，少夙成，以才學稱。魏國既建，拜侍中，與王粲並掌制度。文帝即王位，徙為尚書。

受詔，典著作。又為《魏官儀》，凡所撰述數十篇，好古文、鳥篆、隸草，無所不善。薨，謚曰敬侯。

又《天下碑錄》引《圖經》云：

曹子建文，鍾繇書。

《太平寰宇紀》云：

大饗碑在文帝廟前。昔文帝於延康元年幸譙，父老立碑於故宅，題曰：「大饗之碑」鍾繇篆額，曹子建文，梁鵠書。時人謂之三絕。

三說不同，蓋傳聞異辭。獨朱緒曾反覆駁難，明辨其非。嚴可均《全三國文》據洪适《隸釋》引為植作，未必可據。似以存疑為是。

（七）魏王丕受漢禪，即帝位於繁陽。〈喜霽賦〉當作於是時。

〈文帝紀〉：

冬十月丙午，行至曲蠡。漢帝以眾望在魏，乃召羣公卿士，告祠高廟，使兼御史大夫張音持節奉璽綬禪位。乃為壇於繁陽，庚午，王升壇即阼，百官陪位。事訖，降壇，視燎成禮而反。改延康為黃初，大赦。（《魏志》卷二）

《魏略·五行志》曰：

延康元年，大霖五十餘日，魏有天下乃霽。（《御覽》卷十四引）

（八）漢尚書郎仲長統卒。著有《昌言》三十四篇傳於世。《隋志》有仲長子《昌言》十二卷，見雜家。

〈仲長統傳〉云：

仲長統字公理，山陽高平人也。少好學，博涉書記，贍於文辭。年二十餘，游學青、徐、并、冀之間。與交友者，多異之。性俶儻，敢直言，不矜小節，默語無常，時人或謂之狂生。每州郡命召，輒稱疾不就。尚書令荀彧聞統名，奇之，舉為尚書郎，後參丞相曹操軍事。每論說古今及時俗行事，恒發憤歎息。因著論，名曰《昌言》；凡三十四篇，十餘萬言。獻帝遜位之歲，統卒，時年四十一。友人東海繆襲常稱統才足繼賈、董、劉、揚。（《後漢書．列傳第三九》）

◉黃初元年（干支、西元紀年，譜主年歲均與延康元年同）

（一）文帝受禪後，改元黃初。

植有〈慶文帝受禪章〉、〈魏德論〉及〈魏德論謳〉六首。（〈章〉見《藝文類聚》卷十三，〈論〉見卷十，〈嘉穀謳〉、〈嘉禾謳〉見卷八五，〈白鵲謳〉，〈白鳩謳〉見卷九二，〈甘露謳〉見《初學記》卷二，〈連理木謳〉見《御覽》卷八七五。）文長從略。又〈龍見賀表〉（見《藝文類聚》卷九十八）〈鼙舞歌．聖皇篇〉亦當作於是時。

〈聖皇篇〉略曰：

聖皇應曆數，正康帝道休。九州咸賓服，威德洞八幽。三公奏諸公，不得久淹留。藩位任至重，舊章咸率由。

侍臣省文奏，陛下體仁慈。……迫有官典憲，不得顧恩私。諸王當就國，璽綬何累縗。

便時舍外殿，宮省寂無人。主上增顧念，皇母懷苦辛。何以為贈賜？傾府竭寶珍。……

諸王自計念，無功荷厚德。思一效筋力，糜軀以報國。

鴻臚擁節衛，副使隨經營。……武騎衛前後，鼓吹簫笳聲。祖道魏東門，淚下沾冠纓。扳蓋因內顧，俯仰慕同生。

行行日將暮，何時還闕庭？車輪為徘徊，四馬躊躇鳴。路人尚酸鼻，何況骨肉情？（《宋書》二二卷〈樂志〉，《樂府詩集》五三卷）

朱乾曰：

曹丕薄於骨肉，甫即位，即遣其弟鄢陵侯彰等就國。隔絕千里之外，不聽朝聘，設防輔監國之官以伺察之。雖有王侯之號，而儕於匹夫，皆思為布衣而不能得。法既峻切，過惡日聞。其時非植者多，惴惴不免。篇中一絲不露，而至於路人酸鼻。則其所為璽綬之寵，賜予之厚，武衛之盛，祖餞之榮，特文具而已，烏覩所謂封建親戚以

為藩屏者乎？（《樂府正義》卷一）

（二）是年冬，魏文帝廢漢獻帝為山陽公，邑萬戶。

〈文帝紀〉：

黃初元年，十一月癸酉，以河內之山陽邑萬戶，奉漢帝為山陽公，行漢正朔。以天子之禮郊祭，上書不稱臣。京都有事於太廟，致胙。封公之四子為列侯。（《魏志》卷二）

〈獻帝紀〉：

魏王丕稱天子，奉帝為山陽公，邑一萬戶，位在諸侯王上。……四皇子封王者，皆降為列侯。明年，劉備稱帝於蜀，孫權亦自王於吳，於是天下遂三分矣。（《後漢書》卷九）

按獻帝名協，靈帝中子。初封陳留王，董卓廢少帝劉辯而立之。在位凡三十年，改元四：初平四年，興平二年，建安二十五年。是年三月，改元延康。延康元年十月禪位於魏王丕，封為山陽公。卒謚孝獻皇帝，省稱獻帝或漢帝。

（三）植與金城太守蘇則聞魏代漢，皆發服悲哭。

〈蘇則傳〉：

初，則及臨淄侯植聞魏氏代漢，皆發服悲哭。文帝聞植如此，而不聞則也。帝在洛陽，嘗從容言曰：「吾應天受禪，而聞有哭者，何也？」則謂為見問，鬚髯悉張，欲正論以對。侍中傅巽掐則曰：「不謂卿也。」於是乃止。

又注引《魏略》曰：

初，則在金城，聞漢帝禪位，以為崩也，乃發喪。後聞其在，自以不審，意頗默然。臨淄侯植自傷失先帝意，亦怨激而哭。其後文帝出游，追恨臨淄，顧謂左右曰：「人心不同，當我登大位之時，天下有哭者。」時從臣知帝此言有為而發也。而則以為為己，欲下馬謝。侍中傅巽目之，乃悟。（《魏志》卷十六）

**（四）是年九尾狐見鄄城，又見譙，或傳植有〈上九尾狐表〉。**（見《開元占經》卷一一六）

按《開元占經》為唐開元中瞿曇悉達所撰。蓋方士之書，為術家之異學。九尾狐事不見於史傳記注，未必可信。

◉黃初二年辛丑（西元二二一年）三十歲

（一）是年春，魏文帝改許縣為許昌縣，并立長安、譙、許昌、鄴、洛陽為五都，令民內徙，復五年。〈鞞舞歌·大魏篇〉或作於此時。（〈大魏篇〉見《宋書·樂志》，《樂府詩集》卷五三，《御覽》卷五四七）

〈文帝紀〉：

二年春正月，壬午，復潁川郡一年田租。改許縣為許昌縣。

又注引《魏略》曰：

改長安、譙、許昌、鄴、洛陽為五都。立石表，西界宜陽，北循太行，東北界陽平，南循魯陽，東界郯，為中都之地。令天下聽內徙，復五年，後又增其復。（《魏志》卷二）

（二）魏文帝封議郎孔羨為宗聖侯，邑百戶，奉孔子祀。舊傳植有〈孔子廟頌〉。（見《藝文類聚》卷三八）顧炎武明言其非。

〈文帝紀〉引

詔曰：「昔仲尼資大聖之才，懷帝王之器，當衰周之末，無受命之運。在魯、衛之朝，教化乎洙、泗之上；悽悽焉，遑遑焉，欲屈己以存道，貶身以救世。于時王公終莫能用之，乃退考五代之禮，修素王之事，因魯史而制《春秋》，就太師而正《雅》、《頌》。俾千載之後，莫不宗其文以述作，仰其聖以成謀，咨可謂命世之大聖，億載之師表者也。遭天下大亂，百祀墮壞。舊居之廟，毀而不修；褒成之後，絕而莫繼。闕里不聞講頌之聲，四時不覩蒸嘗之位，斯豈所謂崇禮報功，盛德百世必祀者哉？其以議郎孔羨為宗聖侯，邑百戶，奉孔子祀。」令魯郡修起舊廟，置百戶吏卒以守衛之。又於其外廣為宮室，以居學者。（《魏志》卷二）

按〈孔子廟頌〉，洪适《隸釋》云：「曹植辭，梁鵠書。」而顧炎武《金石文字記》云：「封孔羨碑，今在曲阜縣孔子廟中。後人刻其下曰：『陳思王曹植辭，梁鵠書。』謬也。」顧氏之言，當有所據。余亦嘗疑此碑作於黃初二年，不應稱陳思王。然《類聚》引有此文，是其偽作，當在唐以前，洪适或未深考耳。

（三）**是年魏文帝貶植為安鄉侯，植有〈謝改封安鄉侯表〉。**

〈本傳〉云：

黃初二年，監國謁者灌均，希指奏「植醉酒悖慢，劫脅使者。」有司請治罪，帝以太后故，貶爵安鄉侯。（《魏志》卷十九）

《魏書》曰：

東阿王植，太后少子，最愛之。後植犯法，為有司所奏。文帝使太后弟奉車都尉（卞）蘭持公卿議白太后。太后曰：「不意此兒所作如是。汝還語帝，不可以我故壞國法。」及自見帝，不以為言。（《魏志》卷五〈卞皇后傳〉注引）

《魏書》載文帝詔曰：

植，朕之同母弟。朕於天下無所不容，而況植乎！骨肉之親，捨而不誅，其改封植。（〈本傳〉注引）

〈謝改封安鄉侯表〉略曰：

臣抱罪即道，憂惶恐怖，不知刑罰當所限齊。陛下哀愍臣身，不聽有司所執，待之過厚，即日於延津受安鄉侯印綬。奉詔之日，且懼且悲。懼於不修，始違憲法；悲於不慎，速此貶退。上增陛下垂念，下遺太后見憂。臣自知罪深責重，受恩無量。精魂飛散，亡軀殞命。（《藝文類聚》卷五十一）

（四）植被誣巇後，無由自白，因寫〈灌均上事令〉，以自警惕。

〈灌均上事令〉云：

孤前令寫灌均所上孤章，三臺九府所奏事，及詔書一通，置之坐隅。孤欲朝夕諷詠，以自警惕也。（《御覽》卷五九三）

（五）是年秋，魏文帝以鄢陵侯彰等十人進爵為公，植只改封為鄄城縣侯，以見忌故也。

《魏紀》云：

皇弟鄢陵侯彰、宛侯據、魯陽侯宇、譙侯林、贊侯袞、襄邑侯峻、弘農侯幹、壽春侯彪、歷城侯徽、平輿侯茂，皆進爵為公。安鄉侯植改封鄄城侯。胡注云：「植以見忌貶侯，今乃改封縣侯。」（《通鑑》卷六十九）

按植改封鄄城侯後，又為東郡太守王機、防輔吏倉輯所誣，廢居於鄴，由黃初二年以迄三年。植〈黃初六年令〉所謂「形影相守，出入二載」是也。

（六）是年冬，魏文帝南巡至宛，殺南陽太守楊俊。

〈楊俊傳〉：

初，臨淄侯與俊善。太祖適嗣未定，密訪羣司。俊雖論文帝、臨淄才分所長，不適有所據當。然稱臨淄猶美，文帝常以恨之。黃初二年，車駕至宛。以市不豐樂，發怒，收俊。尚書僕射司馬宣王、常侍王象、荀緯請俊，叩頭流血，帝不許。俊曰：「吾知罪矣。」遂自殺。眾冤痛之。（《魏志》卷二十三）

（七）是年漢中王劉備即皇帝位於成都。以諸葛亮為丞相，改元章武。秋七月，遂帥諸軍伐吳，為蜀前將軍關羽復仇。

（八）是年孫權稱臣於魏，魏封權為吳王，加九錫。

〈文帝紀〉：

秋八月，孫權遣使奉章，并遣于禁等還。丁巳，使太常邢貞持節拜權為大將軍，封吳王，加九錫。（《魏志》卷二）

唐庚曰：

是歲吳、蜀相攻，大戰於夷陵。吳人卑辭事魏，受其封爵，恐魏之議其後耳。而《魏略》以為權有僭意，而自顧位輕，故先卑而後倨之。先卑者，規得封爵，以成僭竊之基；後倨者，冀見討伐，以激怒其眾。且吳至權，三世矣，何以封爵為哉？既而

魏責任子，權不能堪，卒叛之，為天下笑。（《三國雜事》）

（九）是年魏侍中劉廙卒。廙有政論五卷，集二卷，傳於世。俱見《隋書・經籍志》子部・法家及集部・別集類。

〈劉廙傳〉：

廙字恭嗣，南陽安眾人也。兄望之，有名於世。荊州牧劉表辟為從事，尋復見害。廙懼，奔揚州。太祖辟為丞相掾屬，轉五官將文學，文帝器之。魏諷反，廙弟偉為諷所引，當相坐誅。太祖特原不問，徙署丞相倉曹屬。廙著書數十篇，及與丁儀共論刑禮，皆傳於世。文帝即王位，為侍中，賜爵關內侯。黃初二年卒。（《魏志》卷二一）

◉黃初三年壬寅（西元二二二年）三十一歲

（一）是年夏，魏文帝立植為鄄城王，植有〈謝封鄄城王表〉，又〈謝封二子為公章〉。

〈文帝紀〉：

三月乙丑，立齊公叡為平原王，帝弟鄢陵公彰等十一人皆為王。初制：封王之庶

子為鄉公，嗣王之庶子為亭侯，公之庶子為亭伯。甲戌，立皇子霖為河東王。夏四月戊申，立鄄城侯植為鄄城王。（《魏志》卷二）

按鄄城為春秋時衛國鄄邑。漢置鄄城，屬兗州濟陰郡。兗州刺史舊治廩邱，後移鄄城。馬與龍曰：「興平中，曹操領兗州牧，治鄄城，」是也。魏國初建，鄄城又移屬東郡矣。

〈封鄄城王謝表〉略曰：

臣愚駑垢穢，才質疵下，過受陛下日月之恩，不能摧身碎首，以答陛下厚德；而狂悖發露，始干天憲，自分放棄，抱罪終身。苟貪視息，無復睎幸。不悟聖恩爵以非望，枯木生葉，白骨更肉。非臣罪戾所當宜蒙。俯仰慙惶，五內戰悸。奉詔之日，悲喜參至。雖因拜章陳答聖恩，下情未展。（《藝文類聚》卷五十一）

《魏紀》云：

夏四月戊申，立鄄城侯植為鄄城王。是時諸侯王皆寄地空名而無其實，王國各有老兵百餘人以為守衛；隔絕千里之外，不聽朝聘；為設防輔監察之官，以伺察之。雖有王侯之號，而儕於匹夫，皆思為布衣而不能得。法既峻切，諸侯王過惡日聞。（《通鑑》卷六九）

〈謝封二子為公章〉，見《藝文類聚》卷五一，原文從略。

（二）植在鄴城，撤除漢武帝故殿以修宮舍。〈毀鄴城故殿令〉當作於是年。（見《文館詞林》卷六九五）原文從略。

（三）植有〈雜詩〉六首，亦或作於此時。《文選》卷二九李善注云：「此六篇別京以後在鄄城思鄉而作。」

詩曰：

高臺多悲風，朝日照北林。之子在萬里，江湖迴且深。方舟安可極？離思故難任。孤雁飛南遊，過庭長哀吟。翹思慕遠人，願欲託遺音。形影忽不見，翩翩傷我心。

轉蓬離本根，飄颻隨長風。何意迴飆舉，吹我入雲中。高高上無極，天路安可窮？類此遊客子，捐軀遠從戎。毛褐不掩形，薇藿常不充。去去莫復道，沉憂令人老。

西北有織婦，綺縞何繽紛。清晨弄機杼，日昃不成文。太息終長夜，悲嘯入青雲。妾身守空閨，良人行從軍。自期三年歸，今已歷九春。飛鳥繞樹翔，噭噭鳴索羣。願為南流景，馳光見我君。

南國有佳人，容華若桃李。朝遊江北岸，夕宿瀟湘沚。時俗薄朱顏，誰為發皓齒？俛仰歲將暮，榮耀難久恃。

僕夫早嚴駕，吾行將遠遊。遠遊欲何之？吳國為我仇。將騁萬里塗，東路安足由？江介多悲風，淮泗馳急流。願欲一輕濟，惜哉無方舟。閒居非吾志，甘心赴國憂。

飛觀百餘尺，臨牖御櫺軒。遠望周千里，朝夕見平原。烈士多悲心，小人媮自閒。國讎諒不塞，甘心思喪元。拊劍西南望，思欲赴太山。絃急悲聲發，聆我慷慨言。

徐禎卿曰：

子建之〈雜詩〉六首，可入《十九首》，不能別也。若仲宣、公幹，便覺自遠。子建真可稱建安才子，其次文舉，又其次為公幹、仲宣。（《談藝錄》）

按《丁譜》以此詩六首繫於黃初二年改封鄄城侯時，恐非。因是時植正遷鄴禁錮，〈求出鄴表〉所謂「徙居京師，待罪南宮」是也。姑依《文選》李注繫於黃初三年立為鄄城王後，蓋植是年始由鄴歸藩。

（四）是年冬，孫權復叛，文帝自許昌南征。

〈文帝紀〉：

冬十月，孫權復叛，復郢州為荊州。帝自許昌南征，諸軍兵並進，權臨江拒守。（《魏志》卷二）

〈孫權傳〉：

初，權外託事魏，而誠心不款。魏欲遣侍中辛毗、尚書桓階，往與盟誓，并徵任子，權辭讓不受。秋九月，魏乃命曹休、張遼、臧霸出洞口，曹仁出濡須，曹真、夏侯尚、張郃、徐晃圍南郡。權遣呂範等督五軍，以舟軍拒休等，諸葛瑾、潘璋、楊粲救南郡，朱桓以濡須督拒仁。（《吳志》卷二）

按曹魏自建安十三年赤壁之役而後，無日不以平吳為職志。荊、揚二州遂為魏、吳角逐之場。魏武頻年南征，如十四年治水軍於譙，自渦入淮，軍合肥。十七年又征孫權。十八年進軍濡須口，攻破孫權江西營，獲權都督公孫陽。二十一年軍至譙，復征孫權。二十二年軍居巢，權拒守。其所以未能得志於吳者，魏參軍傅巽所謂「吳有長江之險，士馬無所逞其能，奇變無所用其權也。」黃初二年，孫權方有事於西蜀，與劉備大戰於夷陵，深恐魏之議其後，乃卑辭奉章，稱藩於魏，并遣于禁等還。三年，魏徵任子，權不能堪，遂復叛魏。文帝乃大舉征吳，三路並進。孫權亦分三路以拒之，師還無功。明年，下詔休兵息民，遂開江陵之圍。

（五）是年晉征南將軍杜預生。著有《春秋左氏經傳集解》諸書傳於世。（《隋

志》有杜預《春秋左氏經傳集解》三十卷，《春秋釋例》十五卷，《春秋左氏傳評》二卷見經部）

〈杜預傳〉：

預字元凱，京兆杜陵人也。祖畿，魏尚書僕射。父恕，幽州刺史。預博學多通，明於興廢之道。初，其父與（晉）宣帝不相能，故預久不得調。文帝嗣立，預尚帝妹高陸公主。起家，拜尚書郎，轉參相府軍事。泰始中，守河南尹，俄拜度支尚書。預乃奏立籍田，建安邊論，處軍國之要。在內七年，損益萬機，朝野稱美。號曰杜武庫，言其無所不有也。

時帝有滅吳之計，而朝議多違，惟預、羊祜、張華與帝意合。祜病，舉預自代。及祜卒，拜鎮南大將軍，都督荊州諸軍事。預以太康元年正月，陳兵於江陵，旬日之間，屢剋城邑。既平上流，於是沅湘以南，至於交廣，吳之州郡，皆望風歸命，遂指揮羣師，徑進秣陵，所過城邑，莫不束手。

孫皓既平，振旅凱入，以功進爵當陽縣侯。既立功之後，乃耽思經籍，為《春秋左氏經傳集解》。又參考眾家譜第，謂之《釋例》。又作《盟會圖》、《春秋長曆》，備成一家之學，比老乃成。（《晉書》卷三四）

## ◉黃初四年癸卯（西元二二三年）三十二歲

（一）是年徙封雍丘。

〈本傳〉云：

四年徙封雍丘。（《魏志》卷十九）

樂史曰：

雍丘縣：周武王克殷，封夏東樓公於杞，是為杞國，即此地。迨漢為雍丘縣，隸陳留郡。魏為雍丘國，封鄄城王植為雍丘王。（《太平寰宇記》卷一）

（二）植是年赴雍丘，過濟陽，謁先人故營，有〈懷親賦〉。

〈懷親賦〉序云：

濟陽南澤有先帝故營，遂停馬駐駕，造斯賦焉。（《藝文類聚》卷二十）賦文從略。

（三）是年植獵於高陽，吊酈食其墓，有〈酈生頌〉。

〈酈生頌〉序云：

余道經酈生之墓，聊駐馬，書此文於其碑側。（《書鈔》卷九八）

樂史曰：

酈食其墓在（雍丘）縣西南二十八里。《陳思王集》云：植獵於高陽之下，過食其墓，傾以斗水，束藻薦於座，讚曰：「野無卮酒，惟茲行潦；食無嘉肴，宴用蘋藻。」（《太平寰宇記》卷一）

（四）是年植移夏禹祠於祺城。〈禹廟讚〉、〈七哀〉詩當作於此時。（〈禹廟讚〉見司馬彪《續漢書・郡國志》劉昭注，〈七哀〉詩見《昭明文選》卷二三。《宋書・樂志》作〈明月篇〉）

〈禹廟讚〉序云：

（雍丘）有禹祠，植移於祺城，祺城本名杞城。（《後漢書・郡國志》卷三注補）

樂史曰：

杞城亦稱祺城。《爾雅》云：「祺者吉祥之名。」（《太平寰宇記》卷一）

劉履曰：

〈七哀〉當是在雍丘作，故有「願為西南風」之語。又曰：子建與文帝同母，今乃浮沉異勢，不相親與，故以孤妾自喻。（《風雅翼》）

（五）蜀昭烈帝卒於永安，年六十二。太子劉禪即位，丞相諸葛亮受遺詔輔政，改元建興。

〈先主傳〉：

先主諱備，字玄德，涿郡涿縣人。先主少時，不甚樂讀書，喜音樂、狗馬、美衣服，好結交豪傑，年少爭附之。

靈帝末，黃巾起，先主從校尉鄒靖討黃巾有功，除安喜尉。頃之，除下密丞。後為高唐尉，為賊所破，往奔中郎將公孫瓚，瓚表為別部司馬。

袁紹攻公孫瓚，先主與田楷東屯齊。曹公征徐州，楷與先主俱救之。時先主自有兵千餘人，謙以丹陽兵四千益先主。先主遂去楷歸謙。謙表先主為豫州刺史，屯小沛。謙死，先主遂領徐州。袁術來攻先主，先主拒之於盱眙、淮陰。曹公表先主為鎮東將軍，封宜城亭侯。是歲，建安元年也。先主與術相持經月，呂布乘虛襲下邳，虜先主妻子。

先主還小沛，復合兵得萬餘人，呂布惡之，自出兵攻先主，先主敗走，歸曹公。曹公以為豫州牧，益與兵，使東擊布，布遣高順攻之，為順所敗。曹公自出東征，助先主圍布於下邳，生禽布。先主從曹公還許。袁術欲經徐州北就袁紹，曹公遣先主要擊術，未至，術病死。

先主未出時，獻帝舅車騎將軍董承，受帝密詔，當誅曹公。遂與承等同謀，會見使，未發。事覺，承等皆伏誅。

先主據下邳，殺徐州刺史車胄，留關羽守下邳，而身還小沛。五年，曹公東征先主，先主敗績，走青州。青州刺史袁譚馳使白紹，紹遣將道路奉迎，與先主相見。

曹公既破紹，自南擊先主。先主與劉表相聞，表自郊迎，益其兵，使屯新野。十二年，曹公南征表，會表卒。子琮代立，遣使請降。先主屯樊，不知曹公卒至，至宛乃聞之，遂將其眾去。

曹公乃輕車到襄陽，聞先主已過，將精騎五千急追之。先主與諸葛亮，張飛，趙雲等數十騎走，遇表長子江夏太守琦眾萬餘人，與俱到夏口。先主遣諸葛亮自結於孫權，權遣周瑜、程普等水軍數萬，與先主并力，與曹公戰於赤壁，大破之。羣下推先主為荊州牧，治公安。

十六年益州牧劉璋聞曹公討張魯，內懷恐懼，遣法正迎先主，正因陳益州可取之策。先主將步卒數萬人入益州，十九年進圍成都，璋出降，先主復領益州牧。

二十年曹公定漢中，使夏侯淵、張郃等數數犯暴巴界。二十四年先主大破淵軍，斬淵及曹公所署益州刺史趙顒等，先主遂有漢中。羣下上先主為漢中王。

二十五年魏文帝稱尊號，改年曰黃初。是後，故議郎陽泉侯劉豹、青衣侯向舉、偏將軍張裔、黃權等上言：「願大王應天順民，速即洪業。」太傅許靖、安漢將軍麋竺、軍師將軍諸葛亮、太常賴恭、光祿勳黃權（黃柱）、少府王謀等，與博士許慈、議郎孟光，建立儀禮，擇令辰，上尊號，即皇帝位於成都。

章武元年夏四月，大赦，改年，以諸葛亮為丞相。秋七月，遂帥諸軍伐吳。二年夏六月，陸議大破先主軍於猇亭。三年春二月，丞相亮自成都到永安。三月，先主病篤，託孤於丞相亮。夏四月癸巳，先主殂於永安宮。時年六十三。（《蜀志》卷二）

**（六）是年夏，植與任城王彰、白馬王彪朝京師，赴洛陽。**

〈贈白馬王彪〉詩序云：

黃初四年五月，白馬王、任城王與余俱朝京師，會節氣，到洛陽。（《文選》卷二十四李善注）

按植與任城王彰、白馬王彪朝京師，赴洛陽。〈詩〉序云四年五月，而〈洛神賦〉序則云黃初三年。不惟彼此互異，而前後相距，亦且一年。何者為是？議論紛紜。《文選》李善注謂《魏志》三年不言植朝，蓋《魏志》略也。朱述之《曹集考異》序云：「〈洛神賦〉與《禮志》合，奉璽朝會以三年。」似俱以植等朝京師在黃初三年。但〈文帝紀〉：「黃初三年正月庚午，行幸許昌宮。四年三月丙申，行自宛，還洛陽宮。」可知三年文帝未嘗在洛，四年三月始還。又是年六月甲戌任城王彰薨於京都，亦明見於〈文帝紀〉。則植等朝京師當在四年五月，而非三年，更無待辯而自明矣。〈洛神賦〉序所以稱三年者，或如何焯所云：「魏以延康元年十月禪代，十一月遽改元黃初。陳思實以四年朝洛陽，而〈賦〉云三年，不欲遽奪漢年，猶發喪悲之意耳。」

《魏略》曰：

初，植未到關，自念有過，宜當謝帝。乃留其從官著關東，單將兩三人微行，入見清河公主。欲因主謝，而關吏以聞。帝使人逆之，不得見；太后以為自殺也，對帝泣。會植科頭負鈇鑕，徒跣詣闕下，帝及太后乃喜。及見之，帝猶嚴顏色，不與語，又不使冠履。植伏地泣涕，太后為不樂，詔乃聽復王服。（〈本傳〉注引）

（七）時植僻處西館，上疏并獻詩二章謝罪，原作俱見〈本傳〉。

疏略曰：

臣自抱釁歸藩，刻肌刻骨，追思罪戾，晝分而食，夜分而寢。誠以天綱不可重罹，聖恩難可再恃。竊感〈相鼠〉之篇，無禮遄死之義，形影相弔，五情愧赧。伏惟陛下德象天地，恩隆父母，施暢春風，澤如時雨。是以愚臣徘徊於恩澤而不能自棄者也。

前奉詔書，臣等絕朝。心離志絕，自分黃耇無復執珪之望。不圖聖詔猥蒙齒召，至止之日，馳心輦轂。僻處西館，未奉闕廷，踊躍之懷，瞻望反側。謹拜表獻詩二篇，其辭曰：

於穆顯考，時維武皇，受命於天，寧濟四方。朱旗所拂，九土披攘。玄化滂流，荒服來王。超商越周，與唐比蹤。篤生我皇，奕世載聰。武則肅烈，文則時雍。受禪炎漢，君臨萬邦。萬邦既化，率由舊則，廣命懿親，以藩王國。帝曰爾侯，君茲青土，奄有海濱，方周於魯。車服有輝，旗章有敘。濟濟雋乂，我弼我輔。

伊予小子，恃寵驕盈，舉挂時網，動亂國經。作藩作屏，先軌是隳，傲我皇使，犯我朝儀。國有典刑，我削我黜。將置於理，元兇是率。明明天子，時篤同類，不忍我刑，暴之朝肆。違彼執憲，哀予小子。改封兗邑，於河之濱，股肱弗置，有君無臣。荒淫之闕，誰弼予身？煢煢僕夫，於彼冀方，嗟予小子，乃罹斯殃。赫赫天子，恩不遺物，冠我玄冕，要我朱紱。朱紱光大，使我榮華。剖符授玉，王爵是加。仰齒金璽，俯執聖策。皇恩過隆，祗承怵惕。

咨我小子，頑凶是嬰。逝慚陵墓，存愧闕廷。匪敢傲德，實恩是恃。威靈改加，足以沒齒。昊天罔極，性命不圖。常懼顛沛，抱罪黃壚。願蒙矢石，建旗東嶽。庶立毫氂，微功自贖。危軀授命，知足免戾。甘赴江湘，奮戈吳越。天啟其衷，得會京畿。遲奉聖顏，如渴如饑。心之云慕，愴矣其悲。天高聽卑，皇肯照微。（《文選》卷二十作〈責躬〉詩）

又曰：

肅承明詔，應會皇都。星陳夙駕，秣馬脂車。命彼掌徒，肅我征旅。朝發鸞臺，夕宿蘭渚。茫茫原隰，祁祁士女，經彼公田，樂我稷黍。爰有樛木，重陰匪息。雖有餱糧，饑不遑食。望城不過，面邑不遊。僕夫警策，平路是由。玄駟藹藹，揚鑣漂沫。流風翼衡，輕雲承蓋。涉澗之濱，緣山之隈，遵彼河滸，黃阪是階。西躋關谷，或降或升。騑驂倦路，載寢載興。將朝聖皇，匪敢晏寧。弭節長鶩，指日遄征。前驅舉燧，後乘抗旌。輪不輟運，鸞無廢聲。爰暨帝室，稅此西墉。嘉詔未賜，朝覲莫從。仰瞻城闕，俯維闕廷，長懷永慕，憂心如酲。（《文選》作〈應詔〉詩）

（八）是年夏，任城王彰暴卒於京都。植有〈任城王誄〉。（見《藝文類聚》卷四五，《曹集》卷九），文殘從略。

〈文帝紀〉：

黃初四年六月甲戌，任城王彰薨於京都。（《魏志》卷二）

《魏氏春秋》曰：

初，彰問璽綬，將有異志。故來朝不即得見。彰忿怒暴薨。（〈任城王彰傳〉注引）

《世說新語》：

魏文帝忌任城王驍壯，因在卞太后閤共圍棋，并噉棗。文帝以毒置諸棗蒂中，自選可食者而進。王弗悟，遂雜進之。既中毒，須臾遂卒。復欲害東阿，太后曰：「汝既殺我任城，不得復殺我東阿。」（卷六〈尤悔〉篇）

（九）是年秋，植欲與白馬王同路歸國，有司不許。植悵骨肉分離，因於圈城作詩七首以道其意。

《魏氏春秋》曰：

是時待遇諸國法峻，任城王暴薨，諸王既懷友于之痛。植及白馬王彪還國，欲同路東歸，以敘隔闊之思，而監國使者不聽，植發憤告離而作詩曰：

謁帝承明廬，逝將歸舊疆。清晨發皇邑，日夕過首陽。伊、洛廣且深，欲濟川無梁。汎舟越洪濤，怨彼東路長。顧瞻戀城闕，引領情內傷。

太谷何寥廓，山樹鬱蒼蒼。霖雨泥我塗，流潦浩縱橫。中逵絕無軌，改轍登高岡。修阪造雲日，我馬玄以黃。

玄黃猶能進，我思鬱以紆。鬱紆將何念？親愛在離居。本圖相與偕，中更不克俱。鴟梟鳴衡軛，豺狼當路衢。蒼蠅間白黑，讒巧令親疎。欲還絕無蹊，攬轡止踟躕。

踟躕亦何留？相思無終極。秋風發微涼，寒蟬鳴我側。原野何蕭條，白日忽西匿。歸鳥赴高林，翩翩厲羽翼。孤獸走索羣，銜草不遑食。感物傷我懷，撫心長太息。

太息將何為？天命與我違。奈何念同生，一往形不歸。孤魂翔故域，靈柩寄京師。存者忽復過，亡歿身自衰。人生處一世，忽若朝露晞。年在桑榆間，影響不能追。自顧非金石，咄唶令心悲。

心悲動我神，棄置莫復陳。丈夫志四海，萬里猶比鄰。恩愛苟不虧，在遠分日親。何必同衾幬，然後展殷勤。憂思成疾疹，無乃兒女仁。倉卒骨肉情，能不懷苦辛。

苦辛何慮思，天命信可疑。虛無求列仙，松子久吾欺。變故在斯須，百年誰能持？離別永無會，執手將何時？王其愛玉體，俱享黃髮期。收淚即長路，援筆從此辭。（七首俱見〈本傳〉注，又見《文選》卷二十四）

白馬王彪答植詩曰：

盤徑難懷抱，停駕與君訣。即車登北路，永歎尋先轍。（《初學記》卷十八）

鍾嶸曰：

白馬與陳思贈答，偉長與公幹往復，雖曰以莛扣鐘，亦能閑雅矣。（《詩品》卷下）

按黃初四年彪為吳王，五年改封壽春，七年乃徙封白馬。此詩稱白馬王，與《陳志》未合。

杭世駿曰：

史稱七年徙封白馬，而序稱四年白馬王朝京師，則當時未有此封，宜稱吳王。

趙一清曰：

序既有白馬之文，疑是史誤。

洪亮吉曰：

黃初四年，植徙封雍丘，則彪徙白馬，亦當在此時。〈傳〉言七年，或誤也。

洪氏之說，純出於臆測。趙氏又誤信序文。杭氏之說，較為近理。其稱白馬者，蓋史家追書之辭。閻百詩云：「史家有追書之辭，每以後之官名制度，敘前代事。如〈召誥〉有太保字，不知武王時召公尚未為太保也。」（《尚書古文疏證》四）似此，諸家聚訟，可渙然冰釋矣。

**（十）是年植朝京師，濟洛川，作〈洛神賦〉。**

〈洛神賦〉序云：

黃初三年，余朝京師，還濟洛川。古人有言，斯水之神，名曰宓妃。感宋玉對楚王說神女之事，遂作斯賦。

其詞略曰：

余從京域，言歸東藩。背伊闕，越轘轅，經通谷，陵景山。日既西傾，車殆馬煩。爾乃稅駕乎蘅皋，秣駟乎芝田，容與乎陽林，流眄乎洛川。於是精移神駭，忽焉思散。俯則未察，仰以殊觀。覩一麗人，於巖之畔。……。

其形也，翩若驚鴻，婉若游龍；榮曜秋菊，華茂春松。髣髴兮，若輕雲之蔽月；飄颻兮，若流風之迴雪。遠而望之，皎若太陽升朝霞；迫而察之，灼若芙蕖出淥波。穠纖得衷，脩短合度。肩若削成，腰如約素。延頸秀項，皓質呈露。芳澤無加，鉛華弗御。雲髻峩峩，修眉聯娟。丹唇外朗，皓齒內鮮。明眸善睞，輔靨承權。瓌姿豔逸，儀靜體閑。柔情綽態，媚於語言。……。

余情悅其淑美兮，心振蕩而不怡。無良媒以接懽兮，托微波而通辭。願誠愫之先達兮，解玉珮以要之。嗟佳人之信修兮，羌習禮而明詩。抗瓊珶以和予兮，指潛淵而為期。執眷眷之款實兮，懼斯靈之我欺。感交甫之棄言兮，悵猶豫而狐疑。收和顏而靜志兮，申禮防以自持。

於是洛靈感焉，徙倚彷徨。神光離合，乍陰乍陽。竦輕軀以鶴立，若將飛而未翔。踐椒塗之郁烈，步蘅薄而流芳。超長吟以永慕兮，聲哀厲而彌長。……。

於是越北沚，過南岡，紆素領，迴清陽。動朱唇以徐言，陳交接之大綱。悵人神之道殊兮，怨盛年之莫當。抗羅袂以掩涕兮，淚流襟之浪浪。悼良會之永絕兮，哀一逝而異鄉。無微情以效愛兮，獻江南之明璫。雖潛處於太陰，長寄心於君王。忽不悟其所舍，悵神霄而蔽光。（《昭明文選》卷十九）

李善注云：

《魏志》曰：黃初三年，立植為鄄城王。四年，徙封雍丘。其年，朝京師。又〈文帝紀〉云：「黃初三年，行幸許」。又曰：「四年三月，還洛陽宮。」《魏

志》及諸詩序，並云四年朝，此云三年，誤。（《昭明文選》卷十九）

按〈洛神賦〉為植之代表作，不僅發揚屈、宋《騷》、《賦》之傳統，同時亦表現魏晉辭賦之風格。鴻篇鉅製，蔚為大觀。隋唐以前，〈洛神賦〉與〈畫讚〉、〈列女傳頌〉，皆別出獨行。《隋志》集部：總集類有〈洛神賦〉一卷，孫壑注，是也。惟此賦《魏志》及諸詩序皆云作於黃初四年，而〈賦〉序則稱三年，《文選》李注云：「三年，誤」。姑依李注繫於黃初四年，而說明於此。

又李善注引《〈感甄〉記》曰：

> 魏東阿王，漢末求甄逸女，既不遂。太祖曰：「與五官中郎將。」植殊不平。晝思夜想，廢寢忘食。黃初中入朝，帝示植甄后玉鏤金帶枕。植見之，不覺泣。時已為郭后讒死，帝意亦尋悟。因令太子留宴飲，仍以枕賚植。植還度轘轅，少許時，將息洛水上，思甄后。忽見女來，自云：「我本託心君王，其心不遂。此枕是我在家時，從嫁前與五官中郎將。今與君王。」遂用薦枕席，歡情交集，豈常辭能具。為郭后以糠塞口，今被髮，羞將此形貌重睹君王爾。言訖，遂不復見所在。遺人獻珠於王，王答以玉珮。悲喜不能自勝，遂作〈感甄賦〉，後明帝見之，改為〈洛神賦〉。（《昭明文選》卷十九）

劉克莊曰：

〈洛神賦〉，子建寓言也。好事者乃造甄后事以實之。使果有之，當見誅於黃初之朝矣。（《後村詩話》）

張溥《陳思王集》題辭云：

黃初二〈令〉，省愆悔過。詩文怫鬱，音成於心。當此時，而猶泣金枕，賦感甄，必非人情。（《漢魏六朝百三家集》）

何焯曰：

《魏志》：甄后三歲失父，後袁紹納為中子袁熙妻。曹操平冀州，丕納之於鄴，安有子建求為妻之事；小說家不過因賦中「願誠懷之先達」二句，而附會之耳。示枕賚枕，里巷之人所不為。況帝又猜忌諸弟，留宴從容，正不可得。感甄名賦，其為不恭，豈特醉後狂悖，劫脅使者之可比耶！〈離騷〉：「吾令豐隆乘雲兮，求宓妃之所在。」植既不得志於君國，作為此賦，託詞宓妃，以寄心文帝，其亦屈子之意也。（《何氏校文選》）

丁晏曰：

序明云擬宋玉神女為賦，寄心君王，託之宓妃洛神，猶屈、宋之志也。而俗說乃

誣為感甄，豈不謬哉！（《曹集詮評》）

按〈洛神賦〉首以朝京師，濟洛川，偶念洛神宓妃，遂擬宋玉〈神女篇〉，以說明作賦由來。結以潛處太陰，寄心君王。其眷懷君國之忱，隱然可見。

蓋魏文性忌刻而薄骨肉，子建遭誣虁而多憂懼，痛手足之乖離，故託為神人永絕之辭，以抒其抑鬱。小說家乃附會為感甄，好事者又從而闌入《文選》注中。遂使子建忠君愛國之本旨，誣為人倫之醜行。千古奇冤，莫甚於此。

考《文選》李善注自南宋以來，皆與五臣注合刊，名曰「六臣注《文選》」；而李注單行本，世遂罕傳。

胡克家《文選考異》云：

今世間所存，僅有袁本、茶陵本及此次重刻之淳熙辛丑尤延之本。夫袁本、茶陵本，固合併者；而尤本仍非未經合併也。觀其正文，則善與五臣已相羼雜。或沿前而有譌，或改舊而成誤。悉心推究，莫不顯然。觀其注，則題下篇中，各嘗闌入呂向、劉良，頗得指名。非特意主增加，他多誤取也。然則數百年來，徒據後出單行之善注，便云顯慶勒成，已為如此，豈非大誤？

故今日所稱《文選》李注本，雖曰從宋本校正，然其注中尚有向曰、濟曰、翰曰、銑曰等條。殆因六臣注本削去五臣，獨留善注，而刊去有未盡者，未必真見單行本也。

由是以觀，感甄之記，是否為李善原注，不無可疑。姚寬《西溪叢話》，謂感甄之說，出於裴鉶《傳奇》，不云李善注。是姚所見李善注本，尚無此《記》也。

又胡克家《文選考異・洛神賦》注云：

《記》曰下至改為〈洛神賦〉，此二百七字，袁本、茶陵本無。按二本是也。此因世傳小說有《感甄記》，或以載於簡中，而尤延之誤取之耳。何（焯）氏嘗駁此說之妄。今據袁本、茶陵本考之，蓋實非善注。

胡氏之說，雖為李注辯誣，實為曹植辯誣也。感甄之說，六朝時尚未有人道及。唐元微之詩始有「思王賦感甄」之句，李義山亦有「宓妃留枕魏王才」之語，然姚氏《西溪叢話》已指其流俗不可信。可知《感甄記》蓋唐人小說短書，多無賴子之讕言也。

（十一）**是年魏散騎常侍荀緯卒。**

荀勗《文章敘錄》云：

緯字公高，少喜文學。建安中，召署軍謀掾、魏太子庶子。稍遷至散騎常侍、越騎校尉。年四十二，黃初四年卒。（《魏志》卷二十一〈王粲傳〉注引）

（十二）是年魏中散大夫嵇康生。有集十五卷見《隋志》，今存十卷。

〈王粲傳〉：

時又有譙郡嵇康，文辭壯麗。好言老、莊，而尚奇任俠。至景元中，坐事誅。（《魏志》卷二十一）

裴松之注云：

康字叔夜。兄喜，字公穆，晉揚州刺史、宗正。喜為弟康傳曰「家世儒學，少有儁才，曠達不羣。高亮任性，不修名譽，寬簡有大量。學不師授，博洽多聞。長而好老、莊之業，恬淡無欲。善屬文論，彈琴詠詩，自足於懷抱之中。著《養生篇》，知自厚者所以喪其所生，其求益者必失其性。超然獨達，遂放世事，縱意於塵埃之表。」（《魏志》卷二十一）

《魏氏春秋》曰：

康寓居河內之山陽縣，與之遊者，未嘗見其喜慍之色。與陳留阮籍、河內山濤、河南向秀、籍兄子咸、琅邪王戎、沛人劉伶，相與友善，遊於竹林，號為七賢。鍾會為大將軍所昵，聞康名而造之；康方箕踞而鍛，會至，不為之禮。會深銜之。及山濤為選曹郎，舉康自代。康答書拒絕，因自說不堪流俗，而非薄湯武。大將軍聞而怒

焉。鍾會勸大將軍除之，遂殺康。（《魏志》卷二十一）

◉黃初五年甲辰（西元二二四年）三十三歲

（一）是年植居雍丘。〈浮萍篇〉、〈種葛篇〉、〈苦思行〉、〈仙人篇〉、〈遠遊篇〉、〈飛龍篇〉、〈五遊詠〉等，或作於此時，俱見郭茂倩《樂府詩集》。

（二）是年夏，魏初立太學，以五經課試。

〈文帝紀〉：

夏四月，制五經課試之法，置《春秋穀梁》博士。（《魏志》卷二）

《魏略》曰：

從初平之元，至建安之末，天下分崩，人懷苟且。綱紀既衰，儒道尤甚。至黃初元年之後，新主乃復，始掃除太學之灰炭，補舊石碑之缺壞，備博士之員錄，依漢甲乙以考課。申告州郡，有欲學者，皆遣詣太學。太學始開，有弟子數百人。（《魏志》卷十〈王肅傳〉注引）

杜佑曰：

魏文帝黃初五年，立太學於洛陽。時慕學者，始詣太學為門人。滿二歲，試；通一經者稱弟子，不通一經罷遣。弟子滿二歲，試；通二經者，補文學掌故；不通（二）經者，聽須後輩試；試，通二經，亦得補掌故。掌故滿二歲，試；通三經者，擢高第，為太子舍人。不第者，隨後輩復試，試通，亦得為太子舍人。舍人滿二歲，試；通四經者，擢其高第，為郎中。不通（四經）者，隨後輩復試，試通，亦為郎中。郎中滿二歲，能通五經者，擢高第，隨才敘用。不通（五經）者，隨後輩復試，試通，亦敘用。（《通典》卷五三〈吉禮門〉）

按漢末初平而後，學道廢墜，六藝之學，漸就衰頹。魏太常董昭所謂「竊見當今年少，不復以學問為本，專更以交遊為業。」魏散騎黃門侍郎杜恕亦云：「今之學者，師商、韓而上法術，競以儒家為迂闊，不周世用。」魏文此舉，蓋欲正當日之學風，挽儒家之頹勢。

**（三）是年秋，魏為水軍伐吳，文帝東巡至廣陵。**

〈文帝紀〉：

七月，行東巡，至許昌宮。八月，為水軍，親御龍舟，循蔡、潁浮淮，幸壽春、揚州界。九月，遂至廣陵。冬十月乙卯，行還許昌宮。（《魏志》卷二）

《魏紀》云：

秋七月，帝東巡，如許昌。帝欲大舉伐吳，侍中辛毗曰：「方今天下新定，土廣民稀，而欲用之，臣未見其利也。先帝屢起銳師，臨江而旋。今日之計，莫若養民屯田，十年然後用之，則役不再舉矣。」帝不從，留尚書僕射司馬懿鎮許昌。八月，為水軍，親御龍舟，循蔡、潁浮淮，如壽春。九月，至廣陵。時江水盛長，帝臨江而望，歎曰：「雖有武騎千羣，無所用之，未可圖也。」冬十月，帝還許昌。（《通鑑》卷七十）

（四）是年冬，魏文帝嚴禁巫史，違者以左道論罪。

〈文帝紀〉：十二月，詔曰：

叔世衰亂，崇信巫史。至乃宮殿之內，戶牖之間，無不沃酹，甚矣，其惑也。自今其敢設非祀之祭，巫祝之言，皆以執左道論，著於令典。（《魏志》卷二）

（五）時文帝對諸侯王監察綦嚴，而防輔監察之官，又常吹毛求疵，多所搆陷，植懲前毖後，思患預防，因作〈黃初五年令〉告誡寮屬。見《藝文類聚》卷五四，《文館詞林》卷六九五作〈賞罰令〉。原文從略。〈令禽惡鳥論〉及〈鸚鵡〉、〈鷂雀〉、〈蝙蝠〉等賦，或亦作於此時。俱見《類聚》卷二四，九一，九二，九七。文從略。

（六）是年晉光祿大夫、司空裴秀生。秀有《易》及《樂》論，又繪《地域圖》十八篇傳於世。為吾國地圖學之祖。

《文章敘錄》曰：

秀字季彥。弘通博濟，八歲能屬文，遂知名。大將軍曹爽辟。年二十五，遷黃門侍郎。爽誅，以故吏免。遷衛國相，累遷散騎常侍、尚書僕射令、光祿大夫。咸熙中，晉文王始建五等，命秀典為制度。晉室受禪，進左光祿大夫，遷司空。著《易》及《樂》論，又畫《地域圖》十八篇，傳行於世。（《魏志》卷二三〈裴潛傳〉注引）

◉黃初六年乙己（西元二二五年）三十四歲

（一）是年仍居雍丘。有〈慰情賦〉，見《書鈔》卷一五六。

〈慰情賦〉序云：

黃初八年正月雨，而北風飄寒，枝幹摧折。

嚴可均謂八年當為六年。是也。

（二）是年春，文帝部署征吳軍事。

〈文帝紀〉：

三月，行幸召陵，通討虜渠。乙巳，還許昌宮。（《魏志》卷二）

《魏略》載詔曰：

元戎出征，則軍中宜有柱石之賢帥；輜重所在，又宜有鎮守之重臣；然後車駕可以周行天下，無內外之慮。吾今當征賊，欲守之積年。其以尚書令潁鄉侯陳羣為鎮軍大將軍，尚書僕射西鄉侯司馬懿為撫軍大將軍。若吾臨江，授諸將方略，則撫軍當留許昌，督後諸軍，錄後臺文書事；鎮軍當隨車駕，董督眾軍，錄行尚書事。吾欲去江數里，築宮室，往來其中。見賊可擊之形，便出奇兵擊之；若或未可，則當舒六軍以遊獵，饗賜軍士。（〈文帝紀〉注引）

（三）是年秋，文帝復以舟師征吳，至廣陵故城，臨江觀兵。

〈文帝紀〉：

五月戊申，幸譙。八月，帝遂以舟師自譙循渦入淮，從陸道幸徐。九月，築東巡臺。十月，行幸廣陵故城，臨江觀兵，戎卒十餘萬，旌旗數百里。是歲大寒，水道冰，舟不得入江，乃引還。（《魏志》卷二）

（四）是年冬，文帝東征還，過雍丘，幸植宮，增戶五百。植有〈黃初六年令〉。〈謝賜穀表〉、〈謝賜衣表〉亦作於此時。

〈文帝紀〉：

十二月，行自譙過梁，遣使以大牢祀故漢太尉橋玄。（《魏志》卷二）

〈本傳〉云：

六年，帝東征還，過雍丘，幸植宮，增戶五百。（《魏志》卷十九）

〈黃初六年令〉略曰：

吾昔以信人之心，無忌於左右，深為東郡太守王機、防輔吏倉輯等任所誣白，獲罪聖朝。及到雍，又為監國所舉，然卒不能有病於孤者，信心足以貫於神明也。

今皇帝遙過鄙國，曠然大赦，與孤更始。豐賜光厚，資重千金，損乘輿之副，竭中黃之府，名馬充廄，驅牛塞路。孤以何德而當斯惠，孤以何功而納斯貺，孤小人爾，恐簡易之尤，出於細微，脫爾之愆，一朝復露也。故為此令，著之宮門，欲使左右共觀志焉。（《藝文類聚》卷五四，《文館詞林》卷六九五作〈自誡令〉）

〈謝賜穀表〉見《御覽》卷八三七，〈謝賜衣表〉見〈魏文帝答雍丘王植詔〉，載嚴可均《全三國文》。

（五）是年漢太尉楊彪卒。彪，丞相主簿楊修父也。

〈楊彪傳〉：

彪字文先，少傳家學。熹平中，徵拜議郎，遷侍中、京兆尹。中平六年，為司空；其年冬，為司徒。明年，關東兵起，董卓懼，欲遷都。乃大會公卿，議徙都長安。彪曰：「移都改制，天下大事。無故捐宗廟，棄園陵，百姓驚動，必有糜亂之患。」卓作色曰：「公欲沮國計耶？」太尉黃琬曰：「此國之大事。楊公之言，得無可思？」卓不答。議罷，使司隸校尉宣播奏免琬、彪等。十餘日，從入關，轉少府、太常，以病免。復為京兆尹。興平元年，為太尉，錄尚書事。

建安元年，從帝都許。時袁術僭亂，操託彪與袁術婚姻，誣以欲圖廢置，奏收下獄。孔融聞之，往見操曰：「楊公四世清德，海內所瞻。今横殺無辜，則海內視聽，誰不解體。」操不得已，遂理出彪。

四年，復拜太常，十年免。後子修為操所殺，操見彪，問曰：「公何瘦之甚？」對曰：「愧無日磾先見之明，猶懷老牛舐犢之愛。」操為之改容。及魏文帝受禪，欲以彪為太尉，彪固辭，乃授光祿大夫，待以賓客之禮。年八十四，黃初六年卒於家。（《後漢書・列傳》卷四四）

（六）是年鎮西將軍鍾會生。會有《老子注》二卷，《芻蕘論》五卷，《集》十卷，見《隋志》子部：道家、雜家與集部：別集類。

〈鍾會傳〉：

會字士季，潁川長社人，太傅繇小子也。有才數技藝，而博學精練名理。正始中，為祕書郎，遷尚書中書侍郎。文王為大將軍輔政，會遷黃門侍郎、司隸校尉。嵇康見誅，皆會謀也。

文王欲大舉圖蜀，會亦以蜀可取。景元三年冬，以會為鎮西將軍，假節，都督關中諸軍事。四年秋，使鄧艾、諸葛緒各統軍三萬人，會統十餘萬眾，分從斜谷、駱谷入。艾進軍向成都，劉禪降。

會內有異志，因艾承制專事，密白艾有反狀，於是詔書徵艾。既禽艾，會獨統大眾，遂謀反。矯太后遺詔，起兵廢文王，使所親信代領諸軍。會遣兵悉殺所閉諸牙門郡守，牙門郡守與其卒兵相得，爭赴殺會，會時年四十。

會嘗論《易》無互體，才性異同；及會死後，於會家得書二十篇，名曰《道論》，而實刑名家也。（《魏志》卷二十八）

◉黃初七年丙午（西元二二六年）三十五歲

（一）是年仍居雍丘

（二）是年夏五月，文帝疾篤，乃立平原王叡為太子，曹真等受遺詔輔政。

〈文帝紀〉：

夏五月丙辰，帝疾篤。召中軍大將軍曹真、鎮軍大將軍陳羣、征東大將軍曹休、撫軍大將軍司馬宣王，並受遺詔輔嗣主。丁巳，帝崩於嘉福殿，時年四十。（《魏志》卷二）

（三）是年夏六月，葬文帝於首陽陵，植有〈文帝誄〉。

〈文帝紀〉：

六月戊寅，葬首陽陵，自殯及葬，皆以終制從事。（《魏志》卷二）

注引《魏氏春秋》曰：

明帝將送葬，曹真、陳羣、王朗等，以暑熱固諫乃止。鄄城侯植為誄曰云云。

文長從略。《曹集》卷九並載。

按植黃初二年改封鄄城侯，三年立為鄄城王，四年徙封雍丘王。七年仍在雍丘，應稱雍丘王為是，《魏氏春秋》誤也。

（四）是年冬，明帝以鍾繇為太傅，曹休為大司馬，曹真為大將軍，華歆為太尉，王朗為司徒，陳羣為司空，司馬懿為驃騎大將軍。植有〈輔臣論〉凡七首。

〈明帝紀〉：

十二月，以太尉鍾繇為太傅，征東大將軍曹休為大司馬，中軍大將軍曹真為大將軍，司徒華歆為太尉，司空王朗為司徒，鎮軍大將軍陳羣為司空，撫軍大將軍司馬懿為驃騎大將軍。（《魏志》卷三）

〈輔臣論〉曰：

蓋精微聽察，理析毫分，規矩可則，阿保不傾。羣言出於口，而研覈是非，典謨總乎心，而惟所用之者，鍾太傅也。（〈論鍾繇〉，見《類聚》卷四六，《御覽》卷二六〇）

清素寡欲，聰敏特達。志存太虛，安心玄妙。處平，則以和養德；遭變，則以斷蹈義，華太尉歆之謂也。（〈論華歆〉，見《書鈔》卷五一）

文武並亮，權智特發。奢不過制，儉不損禮。入毗皇家，帝之股肱；出則侯伯，實撫東夏者，曹大司馬也。（〈論曹休〉，見《書鈔》卷五一）

辨博通幽，見傳異度。德實充塞於內，知謀縱橫於外，解疑釋滯，剖散盤錯者，王司徒朗也。（〈論王朗〉，見《書鈔》卷五二，《御覽》卷二〇八）

容中下士，則眾心不攜；進吐善謀，則眾議不格。暢朗疏達，至德純粹者，陳司空也。（〈論陳羣〉，見《書鈔》卷五二）

智慮深奧，淵然難測。執節平敵，中表條暢。恭以奉上，嚴以接下。納言左右，為帝喉舌，曹大將軍也。（〈論曹真〉，見《書鈔》卷五一）

魁傑雄特，秉心平直。威嚴足憚，風行草靡。在朝廷，則匡贊時俗，百僚侍儀；一臨事，則戎昭果毅，折衝厭難者，司馬驃騎也。（〈論司馬懿〉，見《書鈔》卷六四，

《御覽》卷二二三八）

（五）是年魏尚書郎王弼生。弼有《周易注》六卷，《略例》一卷，《老子注》二卷，《集》五卷傳於世。《隋志》經部有《周易注》十卷，《易略例》一卷；子部有《老子道德經注》二卷，集部有《集》五卷。

〈鍾會傳〉：

初，會弱冠與山陽王弼並知名。弼好論儒道，辭才逸辯，注《易》及《老子》。為尚書郎，年二十餘卒。

裴松之注曰：

弼字輔嗣。何劭為其傳曰：「弼幼而察惠，年十餘，好《老氏》，通辯能言。于時何晏為吏部尚書，甚奇弼，歎之曰：『若斯人者，可與言天人之際乎！』正始中，以弼補臺郎。性和理，樂遊宴，解音律，善投壺，與鍾會善。會論議以校練為家，然每服弼之高致。弼注《老子》，為之指略，致有理統。著《道略論》，注《易》，往往有高麗言。太原王濟嘗云：『見弼《易注》，所悟者多』。正始十年，曹爽廢，以公事免。其秋，遇癘疾亡，時年二十四。」（《魏志》卷二八）

## 六、太和時期凡六年（太和元年至六年）

### ◉太和元年丁未（西元二二七年）三十六歲

（一）是年植徙封浚儀。

〈本傳〉云：

太和元年，徙封浚儀。（《魏志》卷十九）

按浚儀為戰國時大梁地。《竹書紀年》云：「梁惠成王九年四月甲寅，徙都大梁，」即其地也。秦始置浚儀縣，兩漢、三國皆沿其舊稱，屬兗州陳留郡，故城在今河南開封西北。

（二）是年春，蜀丞相諸葛亮出屯漢中，將攻魏。先誘魏散騎常侍孟達以新城響應。明帝詔司馬懿討平之。

〈後主傳〉：

建興五年春，丞相亮出屯漢中，營沔北陽平石馬。（《蜀志》卷三）

〈諸葛亮傳〉：

五年，率諸軍北駐漢中。臨發，上疏曰：「今南方已定，兵甲已足，當獎率三軍，北定中原，」云云。遂行，屯於沔陽。（《蜀志》卷五）

〈明帝紀〉：

新城太守孟達反，詔驃騎將軍司馬宣王討平之。（《魏志》卷三）

《魏紀》云：

初，孟達既為文帝所寵，又與桓階、夏侯尚親善。及文帝殂，階、尚皆卒，達心不自安。諸葛亮聞而誘之，達數與通書，陰許歸蜀。達與魏興太守申儀有隙，儀密表告之。達聞之，惶懼，欲舉兵叛。司馬懿以書慰解之，達猶豫未決。懿乃潛軍進討，倍道兼行，八日到其城下。旬有六日拔之，斬孟達。（《通鑑》卷七十）

## ◉太和二年戊申（西元二二八年）三十七歲

（一）是年植復徙雍丘

〈本傳〉云：

二年，復還雍丘。（《魏志》卷十九）

（二）是年春，蜀丞相諸葛亮出祁山攻魏，張郃破之於街亭。明帝行如長安，聲罪致討。植有〈征蜀論〉，見《書鈔》卷一一七，文殘從略。

〈明帝紀〉：

蜀大將諸葛亮寇邊，天水、南安、安定三郡吏民叛應亮。遣大將軍曹真都督關右，并進兵。右將軍張郃擊亮於街亭，大破之。亮敗走，三郡平。丁未，行幸長安。

（《魏志》卷三）

裴注引《魏略》載明帝露佈天下，并班告益州，數諸葛亮之檄，文長從略。

《魏略》曰：

始，國家以蜀中惟有劉備。備既死，數歲寂然無聞，是以略無備預。而卒聞蜀出，朝野恐懼，隴右、祁山尤甚，故三郡同時應亮。（《蜀志》卷五，〈諸葛亮傳〉注引）

（三）時譌傳明帝崩，羣臣迎立雍丘王植，〈怨歌行〉或作於此時。

〈明帝紀〉：

夏四月丁酉，還洛陽宮。

注引《魏略》曰：

是時訛言云：帝已崩。從駕羣臣迎立雍丘王植。京師自卞太后羣公盡懼。及帝還，皆私察顏色。卞太后悲喜，欲推始言者。帝曰：「天下皆言，將何所推？」（《魏志》卷三）

〈怨歌行〉曰：

為君既不易，為臣良獨難。忠信事不顯，乃有見疑患。周公佐成王，金縢功不刊。推心輔王室，二叔反流言。待罪居東國，泫涕常流連。皇靈大變動，震雷風且寒。拔樹偃秋稼，天威不可干。素服開金縢，感悟求其端。公旦事既顯，成王乃哀歎。吾欲竟此曲，此曲悲且長。今日樂相樂，別後莫相忘。（《藝文類聚》卷四一）

按〈怨歌行〉，古辭不傳。植此篇，《技錄》、《樂錄》、《樂府解題》皆以為古辭，惟《藝文類聚》引為植作。真德秀《文章正宗》、郭茂倩《樂府詩集》、左克明《古樂府》亦皆作曹植辭。宋嘉定本《曹集》亦有此篇，當可信也。植於明帝為叔姪，故本篇借周公之事，陳古諷今，以解消當日訛言所引起之疑忌，其用心亦良苦矣。

（四）是年夏大旱，後得雨，植有〈喜雨〉詩。

〈明帝紀〉：

五月，大旱。（《魏志》卷三）

〈喜雨〉詩序云：

太和二年，大旱。三麥不收，百姓分於饑餓。（《書鈔》卷一五六）

詩曰：

天覆何彌廣，苞育此羣生。棄之必憔悴，惠之則滋榮。慶雲從北來，鬱述西南征。時雨中夜降，長雷周我庭。嘉種盈膏壤，登秋必有成。（《藝文類聚》卷三）

按植太和元年，徙封浚儀。二年，復還雍丘；上疏求自試。詩中所云：「棄之必憔悴，惠之則滋榮」蓋有為而發也。

（五）是年夏，明帝詔令郡國貢士，以經學為先。

〈明帝紀〉：

六月，詔曰：

尊儒貴學，王教之本也。自頃儒官或非其人，將何以宣明聖道？其高選博士，才

任侍中常侍者。申敕郡國貢士，以經學為先。（《魏志》卷三）

（六）是年，明帝遣將征吳。植〈招降江東表〉或作於是時。

〈賈逵傳〉云：

太和二年，帝使逵督前將軍滿寵、東莞太守胡質等四軍，從西陽直向東關，曹休從皖，司馬宣王從江陵。休更表賊有請降者，求深入應之。詔宣王駐軍，逵東與休合進。（《魏志》卷十五）

〈招降江東表〉曰：

臣聞淮南尚有山竄之賊，吳會猶有潛江之虜，使戰士未獲歸於農畝，五兵未得戢於武庫。若陛下遣明哲之使，能繼陸賈之蹤者，使之江南，發豈弟之詔，張日月之信，開以降路。權必奉聖化，斯不疑也。（《類聚》卷五二）

植表所謂淮南，蓋指洞口、濡須而言。以二地舊屬阜陵、歷陽，為淮南郡所統治。所謂吳會，蓋指荊州南郡而言，即今之武昌也。孫權於黃初二年自公安徙都於南郡之武昌，并以武昌、下雉、尋陽、陽新、沙羨為武昌郡。

（七）是年秋，大司馬曹休伐吳，敗於石亭，休慚憤而卒。植有〈大司馬曹休誄〉，見《藝文類聚》卷四七。文殘從略。

〈明帝紀〉：

秋九月，曹休率諸軍至皖，與吳將陸議戰於石亭，敗績。庚子，大司馬曹休薨。（《魏志》卷三）

（八）是年植上疏求自試。文見《魏志》卷十九〈陳思王植本傳〉。

〈本傳〉云：植常自憤怨，抱利器而無所施，上疏求自試。略曰：

臣聞夫論德而授官者，成功之君也；量能而受爵者，畢命之臣也。故君無虛授，臣無虛受；虛授謂之謬舉，虛受謂之尸祿，《詩》之「素餐」所由作也。今臣正值陛下升平之際，沐浴聖澤，潛潤德教，可謂厚幸矣。而位竊東藩，爵在上列。身被輕煖，口厭百味。若此終年，無益國朝，將掛風人「彼己」之譏。是以上慚玄冕，俯愧朱紱。

方今天下一統，九州晏如。顧西尚有違命之蜀，東有不臣之吳，使邊境未得脫甲，謀士未得高枕者，誠欲混同宇內，以致太和也。然而高鳥未掛於輕繳，淵魚未懸於鉤餌者，恐釣射之術或有未盡也。竊不自量，志在效命，庶立毛髮之功，以報所受之恩。若使陛下出不世之詔，效臣錐刀之用，使得西屬大將軍，當一校之隊；若東屬大司馬，統偏舟之任；必乘危蹈險，騁舟奮驪，突刃觸鋒，為士卒先。雖身分蜀境，首懸吳闕，猶生之年也。流聞東軍失備，師徒小衄。輟食棄餐，奮袂攘衽。撫劍東顧，而心已馳於吳會矣。

臣昔從先武皇帝南極赤岸，東臨滄海，西望玉門，北出玄塞，伏見所以行軍用兵之勢，可謂神妙矣。故兵者不可預言，臨難而制變者也。志欲自效於明時，立功於聖世，誠與國分形同氣，憂患共之者也。冀以塵露之微，補益山海，螢燭末光，增輝日月；是以敢冒其醜而獻其忠。（《魏志》卷十九）

注又引《魏略》曰：

植雖上此表，猶疑不見用，復自訟曰：

「夫人貴生者，非貴其養體好服，終竟年壽也，貴在其代天而理物也。夫爵祿者，非虛張者也，有功德者，然後應之當矣。無功而爵厚，無德而祿重，或人以為榮，而壯夫以為恥。故太上立德，其次立功。蓋功德者，所以垂名也。名者不滅，士之所利。故孔子有夕死之論，孟軻有棄生之義。彼一聖一賢，豈不願久生哉？志或有不展也。是用喟然求試，必立功也。嗚呼！言之未用，欲使後之君子知吾意也。」

（九）〈鰕䱇篇〉、〈豫章行〉、〈朔風〉詩，或作於是年。

〈鰕䱇篇〉、〈豫章行〉俱見郭茂倩《樂府詩集》。

〈朔風〉詩曰：

仰彼朔風，用懷魏都。願騁代馬，倏忽北徂。凱風永至，思彼蠻方，願隨越鳥，翻飛南翔。四氣代謝，懸景運周。別如俯仰，脫若三秋。昔我初遷，朱華未希；今我旋止，素雪云飛。俯降千仞，仰登天阻，風飄蓬飛，載離寒暑。千仞易陟，天阻可越，昔我同袍，今永乖別。子好芳草，豈忘爾貽。繁華將茂，秋霜悴之。君不垂眷，豈云其誠。秋蘭可喻，桂樹冬榮。絃歌蕩思，誰與消憂？臨川慕思，何為汎舟？豈無和樂，遊非我鄰。誰忘泛舟，愧無榜人。（《文選》卷二十九）

朱緒曾曰：

此明帝太和二年復還雍丘作。（《曹集考異》）

余謂朱說是也。〈本傳〉云：「太和元年，徙封浚儀。二年，復還雍丘。」詩中所云：「昔我初遷」，蓋自雍丘徙浚儀；所云「今我旋止，」又自浚儀還雍丘。又云：「君不垂眷，豈云其誠，」即〈陳審舉表〉所謂「常願得一奉朝覲，使臣得一散所懷，攄舒蘊結」之意也。又云：「豈無和樂，遊非我鄰，」亦即〈求通親親表〉所謂「每四節之會，塊然獨處，左右惟僕隸」之意也。《文選》六臣注云：「時為東阿王在藩感北風思歸而作。」似與內容不合。

（十）是年冬，司徒王朗卒。朗有《易》、《春秋》、《孝經》、《周官》傳等傳於世。

〈王朗傳〉：

朗字景興，東海郡人也。以通經拜郎中，師太尉楊賜。魏國初建，以軍謀祭酒領魏郡太守，遷少府、奉常、太理，務在寬恕。文帝踐阼，改為司空，進封樂平鄉侯。明帝即位，進封蘭陵侯，轉為司徒。朗著《易》、《春秋》、《孝經》、《周官》傳，奏議論記，咸傳於世。太和二年薨，謚曰成侯。子肅嗣。（《魏志》卷十三）

（十一）是年公孫淵劫奪遼東太守公孫恭位，明帝以淵為遼東太守。

〈公孫度傳〉：

太和二年，淵脅奪恭位。明帝即位，拜淵揚烈將軍、遼東太守。（《魏志》卷八）

◉太和三年己酉（西元二二九年）三十八歲

（一）是年植徙封東阿，植有〈轉封東阿王謝表〉。〈遷都賦〉當作於此時。

〈本傳〉云：

三年，徙封東阿。（《魏志》卷十九）

〈遷都賦〉序云：

余初封平原，轉出臨淄，中命鄄城，遂徙雍丘，改邑浚儀，而末將適於東阿。（《御覽》卷一九八）

按東阿為春秋時齊之柯邑。《左傳》莊公十三年，公會齊侯，盟於柯。杜預所云：「今齊北東阿為齊之柯邑」是也。漢置東阿縣，屬兗州東郡，三國魏仍其舊。故城在今山東陽穀縣東北五十里。

〈轉封東阿王謝表〉略曰：

奉詔：「太皇太后念雍丘下溼少桑，欲轉東阿，當合王意。可遣人按行，知可居不？」奉詔之日，伏增悲喜。臣在雍丘，劬勞五年。左右罷怠，居業向定。園果萬株，枝條始茂。私情區區，實所重棄。然桑田無業，左右貧窮。食裁糊口，形有躶露。轉居沃土，人從蒙福。江海所流，無地不潤。雲雨所加，無物不茂。若陛下念臣人從五年之勤，少見佐助，此枯木生華，白骨更肉，非臣之所敢望也。（《藝文類聚》卷五十一）

（二）是年春，蜀丞相諸葛亮復出師攻魏，陷武都、陰平。

《資治通鑑》：

漢諸葛亮遣其將陳式攻武都、陰平二郡。雍州刺史郭淮引兵救之。亮自出至建威，淮退，亮遂拔二郡以歸。（卷七十一《魏紀》三）

（三）是年夏，孫權稱帝，改元黃龍。并與蜀盟，中分天下。

〈孫權傳〉：

黃龍元年春，公卿百司皆勸權正尊號。夏四月丙申，即皇帝位。是日大赦，改年。六月，蜀遣衛尉陳震慶權踐位。權乃參分天下，豫、青、徐、幽屬吳；兗、冀、并、涼屬蜀。其司州之土，以函谷關為界。秋九月，權遷都建業。（《吳志》卷二）

（四）是年，明帝屬司馬宣王朝京師，詢以征吳戰略。植有〈與司馬仲達書〉。

〈宣帝紀〉：

天子訪之於（晉宣）帝，問二虜宜討，何者為先？對曰：「吳以中國不習水戰，故敢散居東關。凡攻敵，必扼其喉而搗其心。夏口、東關，賊之心喉。若為陸軍以

向皖城，引權東下，為水戰軍向夏口，乘其虛而擊之，此神兵從天而墮，破之必矣。」（《晉書》卷一）

植〈與司馬仲達書〉論征吳戰略云：

今賊徒欲保江表之城，守區區之吳爾，無有爭雄於宇內，角勝於平原之志也。故其俗蓋以洲渚為營壁，江淮為城塹而已。若可得挑致，則吾一旅之卒，足以敵之矣。蓋弋鳥者，矯其矢；釣魚者，理其綸。此皆度彼為慮，因象設宜者也。今足下曾無矯矢、理綸之謀，徒欲候其離舟，伺其登陸；乃圖併吳會之地，牧東野之民，恐非主上授節將軍之心也。（《類聚》卷五九）

◉太和四年庚戌（西元二三〇年）三十九歲

（一）是年植居東阿。感邇年來生活之艱窘，藩國之屢遷，因作〈社頌〉、〈吁嗟篇〉等篇以見意焉。

〈社頌〉見《類聚》卷三九，《初學紀》卷十三，《御覽》卷五三二。

〈頌〉序云：

余前封鄄城侯，轉雍丘，皆遇荒土。宅宇初造，以府庫尚豐，志在繕宮室，務園圃而已，農桑一無所營。經離十載，塊然守空。饑寒備嘗，聖朝愍之，故封此縣。田則一州之膏腴，桑則天下之甲第，故封此桑以為田社，乃作此頌云。

〈吁嗟篇〉見〈本傳〉注，并見《類聚》卷四二，《御覽》卷五七三。《樂府詩集》卷三三作相和歌辭清調曲。但《魏志》以此篇為瑟調歌，《類聚》、《御覽》同。《樂府解題》曰：「曹植擬〈苦寒行〉為〈吁嗟〉。」郭茂倩據之，列於清調。

詞曰：

吁嗟此轉蓬，居世何獨然。長去本根逝，夙夜無休閒。東西經七陌，南北越九阡。卒遇回風起，吹我入雲間。自謂終天路，忽焉下沉淵。驚飆接我出，故歸彼中田。當南而更北，謂東而反西。宕宕當何依，忽亡而復存。飄颻周八澤，連翩歷五山。流轉無恒處，誰知吾苦艱？願為中林草，秋隨野火燔。糜滅豈不痛。願與根荄連。

朱緒曾曰：

按子建藩國屢遷，求試不用，願入侍左右，終不能得，發憤而作。（《曹集考異》）

丁晏曰：

《魏志．陳思王植傳》：「十一年而三徙都，常汲汲無歡。」此詩當感徙都而作。收兩語，痛心之言，傷同根而見滅也。（《曹集詮評》）

（二）是年臨東阿，營墓於魚山，有終焉之志。〈釋愁文〉、〈髑髏說〉或因此而作。時植意志消沉，對人生殆已絕望，因以老、莊之說自慰。

〈本傳〉云：

初，植登魚山，臨東阿，喟然有終焉之心。遂營為墓。（《魏志》卷十九）

按魚山在東阿縣西八里。《水經注》云：「魚山即吾山也。」（有隋開皇十三年墓道碑，見王士禎《居易錄》，錢大昕《金石文跋尾》卷三，王昶《金石萃編》卷三九）

劉敬叔曰：

陳思王嘗登魚山，臨東阿，忽聞岩岫間裏有誦經聲，清遒深亮，遠谷流響，肅然有靈氣。不覺斂衿祗敬，便有終焉之志，即效而則之。今之梵唱，皆植依擬所造。（《異苑》卷五）

釋道宣曰：

植每讀佛經，輒流連嗟翫，以為至道之宗極也。遂製轉讀七聲，升降曲折之響。故世之諷誦，咸憲章焉。嘗遊魚山，聞空中梵天之讚，乃摹而傳於後，則備見梁《法苑集》。（《廣弘明集》卷五〈辯道論〉注）

按曹植生平與印度般若是否有所接觸，未敢臆斷。惟《異苑》與《廣弘明集》所云植流連佛經，摹製梵唱之說，似出於南北朝時沙門所依託；蓋借曹植以自重者，未足信也。然曹植之玄學理趣，淵源於老莊者頗多。〈釋愁文〉、〈髑髏說〉諸篇，道家思想，尤為顯然。

〈釋愁文〉略曰：

予以愁慘，行吟路邊，形容枯悴，憂心如焚。有玄虛先生見而問之曰：「子將何疾，以至於斯？」答曰：「愁之為物，惟恍惟惚。不召自來，推之弗往。尋之不知其際，握之不盈一掌。寂寂長夜，或羣或黨。去來無方，亂我精爽。其來也難退，其去也易追。臨餐困於哽咽，煩冤毒於酸嘶。加之以粉飾不澤，飲之以兼肴不肥，溫之以火石不消，摩之以神膏不稀，授之以巧笑不悅，樂之以絲竹增悲。醫和絕思而無措，先生豈能為我著龜乎？」

先生作色而言曰：「予徒辯子之愁形，未知子愁之所由生，吾獨為子言其發矣。

方今大道既隱，子生末世，沉溺流俗，眩惑名位，濯纓彈冠，諮諏榮貴。坐不安席，食不終味，遑遑汲汲，或憔或悴。所鬻者名，所拘者利，良由華薄，凋損正氣。吾將贈子以『無為』之藥，給子以『澹泊』之湯，刺子以『玄虛』之針，灸子以『淳樸』之方，安子以『恢廓』之宇，坐子以『寂寞』之牀。使王喬與子攜手而遊，黃公與子詠歌而行，莊子為子具養神之饌，老聃為子致愛性之方。趣遐路以棲跡，乘輕雲以高翔。」

於是精駭魂散，改心回趣，願納至言，仰崇玄度。眾愁忽然不辭而去。（《類聚》卷三五）

按此篇主題思想原本老、莊。其所謂保性之方，養神之法，亦不外「無為」、「澹泊」、「玄虛」、「淳樸」、「恢廓」、「寂寞」六者而已。此即班嗣所云：「絕聖棄智，修生保真，清虛澹泊，歸之自然。獨師友造化，而不為世俗所役者也。」亦即仲長統所云：「逍遙一世之上，睥睨天地之間，不受當世之責，永保性命之期。」可知東漢以來，老莊思想漸成為時代之主潮，固不待王弼、何晏，早已風動一時矣。

〈髑髏說〉略曰：

曹子遊乎陂塘之濱，步乎蓁穢之藪，蕭條潛虛，經幽踐阻。顧見髑髏，塊然獨居。於是伏軾而問之曰：「子將結纓首劍殉國君乎？將披堅執銳斃三軍乎？將嬰茲固疾命殞傾乎？將壽終數極歸幽冥乎？」叩遺骸而歎息，哀白骨之無靈。慕嚴周之適楚，儻託夢以通情。於是伻若有來，恍若有存，影見容隱，厲聲而言曰：「子何國之君子乎？既枉輿駕，愍其枯朽，不惜咳唾之音，而慰以若言，子則辯於辭矣！然未達幽冥之情，識死生之說也。夫死之為言，歸也。歸也者，歸於道也。道也者，身以無形為主，故能與化推移。陰陽不能更，四時不能虧。是故洞於纖微之域，通於恍惚之庭。望之不見其象，聽之不聞其聲，挹之不沖，注之不盈，吹之不凋，噓之不榮，激之不流，凝之不停。寥落冥漠，與道相拘，偃然長寢，樂莫是踰。」

曹子曰：「予將請之上帝，求諸神靈，使司命輟籍，反子骸形。」

於是髑髏長呻，廓然歎曰：「甚矣！何子之難語也？昔太素氏不仁，無故勞我以形，苦我以生。今也幸變而之死，是反吾真也。何子之好勞，而我之好逸乎？子則行矣，予將歸於太虛。」（《類聚》卷十七）

按此篇命意遣辭，與《莊子・至樂》篇莊生適楚一節略同。文中所謂「慕嚴周之適楚，倘託夢以通情」者也。故其論性命之理，則曰：「身以無形為主，故能與化推移。陰陽不能更，四時不能虧……偃然長寢，樂莫是踰」。此即《莊子》所云：「無四時之事，從然以天地為春秋」者，是也。又其論人鬼死生之道，則曰：「太素氏不仁，勞我以形，苦我以生。今也幸變而之死，是反吾真也。」亦即《莊子》「以生為附贅縣疣，以死為決疣潰癰」之說也。

（三）是年春，明帝立郎吏課試法，以經取士，罷斥浮華。

〈明帝紀〉：

四年春二月壬午，詔曰：

「世之質文，隨教而變。兵亂以來，經學廢絕。後生進趣，不由典謨。豈訓導未洽，將進用者不以德顯乎？其郎吏學通一經，才任牧民，博士課試，擢其高第者，亟用。其浮華不務道本者，皆罷退之。」（《魏志》卷三）

〈董昭傳〉：

昭上疏陳末流之弊曰：「凡有天下者，莫不貴尚敦樸忠信之士，深疾虛偽不真之人者，以其毀教亂治，敗俗傷化也。伏惟前後聖詔，深疾浮偽，欲以破散邪黨，常用切齒；而執法之吏，皆畏其權勢，莫能糾擿，毀壞風俗，浸欲滋甚。竊見當今年少，不復以學問為本，專更以交游為業。國士不以孝悌清修為首，而以趨勢游利為先。合黨連羣，互相褒歎。以毀訾為刑戮，用黨譽為爵賞。附己者，則歎之盈言；不附者，則為作瑕釁。至乃相謂『今世何憂不度耶？但求人道不勤，羅之不博耳。又何患其不知己矣。但當吞之以藥而柔調之耳。』又聞或有使奴客名作在職家人，冒之出入，往來禁奧，交通書疏，有所探問。凡此諸事，皆法之所不取，刑之所不赦。」帝於是發切詔，斥免諸葛誕、鄧颺等。（《魏志》卷十四）

（四）是月戊子，以文帝《典論》刻石，立廟門外。

〈明帝紀〉：

四年春二月戊子，詔太傅三公，以文帝《典論》刻石，立於廟門之外。（《魏志》卷三）

《搜神記》：

及明帝立，詔三公曰：「先帝昔著《典論》，不朽之格言。其刊石於廟門之外及太學，與石經並，以永示來世。」（《魏志》卷四〈齊王芳紀〉注引）

按《隋志》儒家類：《典論》五卷，魏文帝撰，兩《唐志》同。明帝時刻石，詳《搜神記》。又〈齊王芳紀〉注云：「臣松之昔從征，西至洛陽，見《典論》刻石在太學者尚存。」《御覽》卷五八九引戴延之《西征記》云：「《典論》二碑，今四存，二敗。」《隋志》小學類有一字石經《典論》一卷，唐時石本亡，至宋而寫本亦亡。今所見者，僅〈文帝紀〉裴注所引之〈自敘〉，及《文選》所錄之《典論・論文》而已。除〈自敘〉為曹丕自述生平外，〈論文〉對建安諸子作品，比較分析，評論頗為深刻。文氣之說，亦始於此。爰為節錄如左，於以略識建安文學之梗概焉。

《典論・論文》曰：

文人相輕，自古而然。傅毅之於班固，伯仲之間耳，而固小之。與弟超書曰：「武仲以能屬文為蘭臺令史，下筆不能自休。」夫人善於自見，而文非一體，鮮能備善。是以各以所長，相輕所短。里語曰：「家有敝帚，享之千金。」斯不自見之患也。今之文人，魯國孔融文舉、廣陵陳琳孔璋、山陽王粲仲宣、北海徐幹偉長、陳留阮瑀元瑜、汝南應瑒德璉、東平劉楨公幹。斯七子者，於學無所遺，於辭無所假，咸以自騁驥騄於千里，仰齊足而並馳，以此相服，亦良難矣。蓋君子審己以度人，故能免於斯累，而作〈論文〉。

王粲長於辭賦，徐幹時有齊氣，然粲之匹也。粲之〈初征〉、〈登樓〉、〈槐賦〉、〈征思〉，幹之〈玄猿〉、〈漏卮〉、〈圓扇〉、〈橘賦〉，雖張、蔡不過也。然於他文，未能稱是。琳、瑀之章表、書記，今之雋也。應瑒和而不壯，劉楨壯而不密。孔融體氣高妙，有過人者。然不能持論，理不勝辭，至於雜以嘲戲。及其所善，班、揚儔也。常人貴遠賤近，向聲背實，又患闇於自見，謂己為賢。夫文本同而末異，蓋奏議宜雅，書論宜理，銘誄尚實，詩賦欲麗。此四科不同，故能之者偏也。惟通才能備其體。

文以氣為主。氣之清濁有體，不可力強而致。譬諸音樂，曲度雖均，節奏同檢，至於引氣不齊，巧拙有素。雖在父兄，不能以遺子弟。蓋文章經國之大業，不朽之盛事。年壽有時而盡，榮辱止乎其身。二者必至之常期，未若文章之無窮。是以古之作者，寄身於翰墨，見意於篇籍，不假良史之辭，不託飛馳之勢，而聲名自傳於後。故西伯幽而演《易》，周旦顯而制《禮》。不以隱約而弗務，不以康樂而加思。夫然則古人賤尺璧而重寸陰，懼乎時之過已。而人多不強力，貧賤則懾於饑寒，富貴則流於逸樂。遂營目前之務，而遺千載之功。日月逝於上，體貌衰於下，忽然與萬物遷化，斯志士之大痛也。融等已逝，惟幹著論成一家言。（《文選》卷五二）

（五）是年夏，太傅鍾繇卒，諡曰成侯。子鍾毓、鍾會，並為魏名將。

〈明帝紀〉：

四年夏四月，太傅鍾繇薨。（《魏志》卷三）

〈鍾繇傳〉：

繇字元常，潁川長社人也。舉孝廉，除尚書郎。辟三府，為廷尉正、黃門侍郎。時漢帝在西京，李傕、郭汜亂長安，與關東斷絕。繇與尚書郎韓斌同策謀，天子得出長安，繇有力焉。拜御史中丞，遷侍中尚書僕射。

時太祖方有事於山東，以關右為憂。乃表繇以侍中守司隸校尉，持節督關中諸軍。關右平定，朝廷無西顧之憂。魏國初建，為大理，遷相國。坐西曹掾魏諷謀反，策罷就第。文帝即王位，復為大理。及踐阼，遷太尉。明帝即位，遷太傅。太和四年薨，帝素服臨吊，謚曰成侯。子毓嗣。（《魏志》卷十三）

（六）是年夏，武宣卞皇后卒。卞后，植生母也。植有〈卞太后誄〉見《書鈔》卷二十三，文長從略。

〈明帝紀〉：

四年六月戊子，太皇太后崩。秋七月，武宣卞后祔葬於高陵。（《魏志》卷三）

按〈武宣卞后傳〉云：「其年五月后崩，」與此異。潘眉《三國志考證》曰：「按太和四年五月無戊子，當是〈后妃傳〉誤。」潘說是也。

（七）是年秋，大司馬曹真，大將軍司馬懿同伐蜀。

〈明帝紀〉：

秋七月，詔大司馬曹真，大將軍司馬宣王伐蜀。（《魏志》卷三）

〈曹真傳〉：

真以「蜀連出侵邊境，宜遂伐之，數道並入，可大克也。」帝從其計。真以八月發長安，從子午道南入。司馬宣王泝漢水，當會南鄭。會大霖雨三十餘日，棧道斷絕，詔真還軍。（《魏志》卷九）

〈後主傳〉：

八年秋，魏使司馬懿由西城，張郃由子午，曹真由斜谷，欲攻漢中。丞相亮待之於城固、赤阪。大雨道絕，真等皆還。（《蜀志》卷三）

◉太和五年辛亥（西元二三一年）四十歲

（一）是年植仍居東阿

（二）是年春，諸葛亮伐魏，圍祁山。敗司馬懿於西城，射殺張郃。

〈後主傳〉：

建興九年春二月，亮復出軍圍祁山，始以木牛運。魏司馬懿、張郃救祁山。夏六月，亮糧盡退軍。郃追至青封，與亮交戰，被箭死。（《蜀志》卷三）

（三）是年秋，皇子殷生，植有〈皇子生頌〉。（見《藝文類聚》卷四五，《初學記》卷十）頌文從略。

〈明帝紀〉：

五年秋七月乙酉，皇子殷生，大赦。（《魏志》卷三）

（四）是年秋，詔令諸侯王各將嫡子一人入朝。〈謝入覲表〉當作於是年冬。（〈謝入覲表〉見《類聚》卷三九，作〈謝得入表〉，《御覽》卷四六七，作〈禮上表〉）

〈明帝紀〉：八月，詔曰：

古者諸侯朝聘，所以敦睦親親，協和萬國也。先帝著令，不欲使諸王在京都者，謂幼主在位，母后攝政，防微以漸，關諸盛衰也。朕惟不見諸王十有二載，悠悠之懷，能不興思！其令諸王及宗室公侯，各將適子一人朝。（《魏志》卷三）

〈本傳〉云：

其年冬，詔諸王朝六年正月。（《魏志》卷十九）

按明帝詔諸王入朝事在秋八月。〈本傳〉為其年冬，與〈紀〉異。或以道路遼遠，詔令至是年冬，始達東阿也。

（五）黃初以來，諸侯王法禁嚴切，至於親戚，皆不敢相通問；植乃上疏求存問親戚。文見《魏志・本傳》，並見《通鑑・魏紀》。

〈疏〉略曰：

堯之為教，先親後疏，自近及遠。周文王「刑於寡妻，至於兄弟，以御於家邦」，伏惟陛下資帝唐欽明之德，體文王翼翼之仁。惠洽椒房，恩昭九族，羣臣百寮，番休遞上，執政不廢於公朝，下情得展於私室，親理之路通，慶吊之情展，誠可謂恕己治人，推惠施恩者矣。至於臣者，人道絕緒，禁錮明時，臣竊自傷也。不敢過望交氣類，修人事，敘人倫。近且婚媾不通，兄弟乖絕，吉凶之問塞，慶吊之禮廢，恩紀之違，甚於路人；隔閡之異，殊於胡、越。今臣以一切之制，永無朝覲之望，至於注心皇極，結情紫闥，神明知之矣。然天實為之，謂之何哉？退惟諸王常有戚戚具爾之心，願陛下沛然垂詔，使諸國慶問，四節得展，以敘骨肉之歡恩，全怡怡之篤義。妃妾之家，膏沐之遺，歲得再通。齊義於貴宗，等惠於百司。如此，則古人之所歎，風雅之所詠，復存於聖世矣。

臣伏自惟省，無錐刀之用。及觀陛下之所拔授，若以臣為異姓，竊自料度，不後於朝士矣。若得辭遠遊，戴武弁，解朱組，佩青紱，駙馬、奉車，趣得一號，安宅京室，執鞭珥筆，出從華蓋，入侍輦轂，承答聖問，拾遺左右，乃臣丹誠之至願，不離於夢想者也。遠慕〈鹿鳴〉君臣之宴，中詠〈棠棣〉匪他之誡，下思〈伐木〉友生之義，終懷〈蓼莪〉罔極之哀。每四節之會，塊然獨處，左右惟僕隸，所對惟妻子。高談無所與陳，發義無所與展，未嘗不聞樂而拊心，臨觴而歎息也。

臣伏以為犬馬之誠不能動人，譬人之誠不能動天。崩城、隕霜，臣初信之，以臣心況，徒虛語耳！若葵藿之傾葉，太陽雖不為之迴光，然向之者誠也。臣竊自比葵藿，若降天地之施，垂三光之明者，實在陛下。臣聞《文子》曰：「不為福始，不為禍先。」今之否隔，友于同憂。而臣獨倡言者，實不願於聖世使有不蒙施之物。欲使陛下崇光被時雍之美，宣緝熙章明之德也。（《通鑑》卷七二《魏紀》四）

按〈求存問親戚疏〉原文甚長，《通鑑》曾加以刪節，因轉錄之。

（六）時魏室排斥宗親，委心異族，植復上疏陳審舉之義。文見〈本傳〉，并見《通鑑・魏紀》。〈籍田說〉或亦作於是年。

〈疏〉略曰：

昔漢文發代，疑朝有變。宋昌曰：「內有朱虛、東牟之親，外有齊、楚、淮南、琅邪；此則磐石之宗，願王勿疑。」臣伏惟陛下遠覽姬文二號之援，中慮周成召、畢之輔，下存宋昌磐石之固。臣聞羊質虎皮，見草則悅，見豺則戰，忘其皮之虎也。今置將不良，有似於此。故語曰：「患為之者不知，知之者不得為也」。

昔管、蔡放誅，周、召作弼；叔魚陷刑，叔向贊國。三監之釁，臣自當之；二南之輔，求必不遠。華宗貴族，藩王之中，必有應斯舉者。夫能使天下傾耳注目者，當權者是矣。故謀能移主，威能懾下，豪右執政，不在親戚。權之所在，雖疏必重；勢之所去，雖親必輕。蓋取齊者田族，非呂宗也；分晉者趙、魏，非姬姓也，惟陛下察之。苟吉專其位，凶離其患者，異姓之臣也。欲國之安，祈家之貴，存共其榮，歿同其禍者，公族之臣也。今反公族疏而異姓親，臣竊惑焉。

今臣與陛下踐冰履炭，登山浮澗，寒溫燥濕，高下共之，豈得離陛下哉！不勝憤懣，拜表陳情。若有不合，乞且藏之書府，不便滅棄。臣死之後，事或可思。若有毫

釐少掛聖意者，乞出之朝堂，使夫博古之士，糾臣表之不合義者。如是，則臣願足矣。（《通鑑》卷七二《魏紀》四）

詔答曰：

覽省來書，至於再三。朕以不德，夙遭旻凶。聖祖皇考，復見孤棄。武宣皇后復即玄宮，重此哀煢，五內傷剝。又以眇身，闇於從政。是故二寇未誅，黔首元元，各不得所。雖復兢兢，坐而待旦，尚懼無益。王挾輔帝室，朕深賴焉。何乃謙卑，自同三監。知吳、蜀未梟，海內虛耗為憂，又慮邊將或非其人。諸所開諭，朕實德之。高謀良策，思聞其次。（《文館詞林》卷六六四）

按〈本傳〉只有「帝輒優文答報」之語，而無其文。《文館詞林》有其文而未記其事。且以「答東阿王論邊事詔」為題，與內容未合，愈令人疑惑不解。梁章鉅《三國志旁證》以《植集》并未有論邊事表，或即是此篇。蓋指〈陳審舉疏〉也。明帝答報所云：「何乃謙卑，自同三監，知吳、蜀未梟，海內虛耗為憂」，「二寇未誅，黔首元元，各不得所」，「又慮邊將或非其人」等語。正與疏中「三監之釁，臣自當之」，「數年以來，師徒之發，歲歲增調；加東有覆敗之軍，西有殪歿之將」，「今置將不良，有似於此。」一處處針鋒相對，更足以證明梁氏之說信而有徵。

〈籍田說〉二首，見《類聚》卷三九，《書鈔》卷三九、九一，《御覽》卷八二二、八三四。文殘從略。

（七）時魏室又大舉徵發諸國壯丁，并召集諸侯王國士子入伍。植以近前諸國士息已見徵發，存者無幾，且太半為老弱殘廢，而復被徵召，乃上書請免發取諸國士息。原書見〈本傳〉注引《魏略》，文長從略。

《魏略》曰：

是後大發士息，及取諸國士。植以近前諸國士息已見發，其遺孤稚弱，在者無幾，而復被取，乃上書云云。（《魏志》卷十九注引）

（八）是年冬，太尉華歆卒，時年七十五。

〈華歆傳〉：

歆字子魚，平原高唐人也。少與北海管寧、邴原俱遊學，時人號三人為一龍。歆為頭，原為腹，寧為尾云。舉孝廉，除郎中。靈帝崩，何進輔政，徵為尚書郎。董卓遷天子長安，歆求出為下邽令，病不行。會天子使太傅馬日磾安集關東，辟為掾。

至徐州，詔即拜歆豫章太守。為政清靜不煩，吏民愛而戴之。孫策略地江東，將取豫章，遺虞翻說歆，歆答曰：「久在江表，常欲北歸。孫會稽來，吾便去也。」曹操在官渡，表天子徵歆。歆至，拜議郎，參司空軍事。轉侍中，代荀彧行尚書令。魏國既建，為御史大夫。曹丕立，拜相國，封安樂鄉侯。曹叡時，進博平侯，轉拜太尉。太和五年卒，謚曰敬侯。（郝經《續後漢書》卷三二）

（九）是年晉中書郎成公綏生。著有《集》九卷見《隋志》。

〈成公綏傳〉：

公綏字子安，東郡白馬人也。幼而聰敏，博涉經傳。少有俊才，詞賦甚麗。張華雅重綏，每見其文，歎服以為絕倫。薦之太常，徵為博士。歷祕書郎，轉丞，遷中書郎。每與華受詔并為詩賦，又與賈充等參定法律。泰始九年卒，年四十三。所著詩、賦、雜筆十餘卷，行於世。（《晉書》卷九十二）

◉太和六年壬子（西元二三二年）四十一歲

（一）是年春正月，與諸王入覲，參與元旦朝會。〈元會〉詩當作於此時。（〈元

會〉詩見《類聚》卷四，《書鈔》卷一五五）

（二）是年春，明帝詔改封諸侯王，皆以郡為國。

〈明帝紀〉：

春二月，詔曰：

古之帝王封建諸侯，所以藩屏王室也。《詩》不云乎？「懷德維寧，宗子維城。」秦、漢繼周，或強或弱，俱失厥中。大魏創業，諸王開國，隨時之宜，未有定制，非所以永為後法也。其改封諸侯王，皆以郡為國。（《魏志》卷三）

（三）是年二月，改封植為陳王。植有〈改封陳王謝恩章〉，又〈謝妻改封為陳王妃表〉，並見《類聚》卷五一。〈妾薄命〉或亦作於此時，見郭茂倩《樂府詩集》。

〈本傳〉云：

其二月，以陳四縣封植為陳王，邑三千五百戶。（《魏志》卷十九）

錢大昕曰：

是年改封郡王者，任城王楷（彰子）、陳王植、彭城王據、燕王宇、沛王林、中山王袞、陳留王峻、琅邪王敏（矩子）、趙王幹、楚王彪、東平王徽、曲陽王茂、北海王蕤、東海王霖、梁王悌（禮子）、魯陽王溫（邕子），凡十六人。（《二十二史考異》卷十五）

按陳四縣，後漢時屬豫州陳國。但除陳縣外，共他三縣〈本傳〉未有明文。《補三國疆域志》云：「陳郡漢置，魏東阿王植徙封此，因改作國。領縣五：陳、陽夏、柘、武平、長平。」楊晨《三國會要》云：「陳郡領縣五：陳、陽夏、柘、武平、長平。」注云：「長平侯國。」似此，除長平外，其他四縣，當為植之封地矣。

（四）是月，明帝愛女淑卒。植有〈平原懿公主誄〉及〈答明帝詔表〉。

〈文昭甄皇后傳〉：

太和六年，明帝愛女淑薨，追封謚淑為平原懿公主，為之立廟。取后亡從孫黃與合葬，追封黃為列侯。（《魏志》卷五）

《魏紀》云：

太和六年二月，帝愛女淑卒，帝痛之甚。追謚平原懿公主，立廟洛陽，葬於南陵。（《資治通鑑》卷七二）

〈平原懿公主誄〉略曰：

於惟懿主，瑛瑤其質。協策應期，含英秀出。岐嶷之姿，實朗實極；在生十旬，察人識物。儀同聖表，聲協音律。驤眉識往，俛首知來。求顏必笑，和音則孩。阿保接手，侍御充旁。常在襁褓，不停幃床。專愛一宮，取玩聖皇。何圖奄忽，罹天之殃。魂神遷移，精爽翱翔。（《類聚》卷十六，《書鈔》卷九四，《初學記》卷十）

〈答明帝詔表〉略曰：

奉詔，并所作〈故平原公主誄〉。文義相扶，章章殊興，句句感切。哀動聖明，痛貫天地。楚王臣彪等，聞臣為讀，莫不揮涕。（《書鈔》卷一二〇，《御覽》卷五九六）

**（五）是年秋，遣汝南太守田豫、幽州刺史王雄討遼東公孫淵。植有〈諫伐遼東表〉**（見《類聚》卷二四）

〈田豫傳〉：

太和末，公孫淵以遼東叛，帝欲征之而難其人，中領軍楊暨舉豫應選。乃使豫以本官（汝南太守）督青州諸軍，假節，往討之。（《魏志》卷二十六）

《魏紀》：

太和六年秋九月，公孫淵陰懷二心，數與吳通。帝使汝南太守田豫督青州諸軍自海道，幽州刺史王雄自陸道討之。散騎常侍蔣濟諫不聽。豫等往而無功，詔令罷軍。（《通鑑》卷七二）

按曹植〈諫伐遼東表〉作於太和六年秋，距其卒前僅數月耳。魏遣田豫討公孫淵一事，見《魏志・明帝紀、蔣濟傳、田豫傳》、《吳志・孫權傳》及《通鑑》。丁晏《詮評》乃以後事當前事，而引魏景初中，毌丘儉、司馬懿先後帥眾討遼東以附會之。果如所云，則植歿已六年矣，何能諫伐遼東哉。

**（六）是年冬，陳思王植卒，時年四十一。**

〈明帝紀〉：

六年十一月庚寅，陳思王植薨。（《魏志》卷三）

〈本傳〉云：

植每欲求別見獨談，論及時政，幸冀試用，終不能得。既還，悵然絕望。常汲汲無歡，遂發疾薨，時年四十一。（《魏志》卷十九）

**（七）植遺令薄葬，子志嗣，徙封濟北王。**

〈本傳〉云：

遺令薄葬，以小子志，保家之主也，欲立之。

又云：

子志嗣，徙封濟北王。

又云：

志屢增邑，并前九百九十戶。（《魏志》卷十九）

樂史曰：

陳思王墓在魚山。

又曰：

魚山一名吾山，陳思王植嘗登此山，有終焉之志。遂葬其西。（《太平寰宇記》卷十五）

《一統志》曰：

曹植墓在泰安府東阿縣八里魚山西麓。

與《太平寰宇記》說正合。獨《名勝志》謂曹子建墓在通許縣之七里岡，恐未可據。

〈志別傳〉曰：

志字允恭，好學，有才行。晉武帝為中撫軍，迎常道鄉公於鄴，志夜與帝相見。帝與語，從暮至旦，甚器之。及受禪，改封鄄城公。發詔，以志為樂平太守，歷章武、趙郡，遷散騎常侍、國子博士，後轉博士祭酒。及齊王攸當之藩，乃建議以諫，辭旨甚切。帝大怒，免志官。後復為散騎常侍。志遭母憂，居喪盡哀，因得疾病，喜怒失常。太康九年卒，謚曰定公。（《魏志》卷十九，〈本傳〉注引）

**（八）魏景初中，詔令撰錄植生平著作，并削除黃初中諸罪狀。**

〈本傳〉云：景初中，詔曰：

陳思王昔雖有過失，既克己慎行，以補前闕。且自少至終，篇籍不離於手，誠難能也。其收黃初中諸奏植罪狀，公卿已下議尚書、祕書、中書三府、大鴻臚者，皆削除之。撰錄植前後所著賦、頌、詩、銘、雜論，凡百餘篇，副藏內外。（《魏志》卷十九）

## 附：《曹集》卷帙、版本

**《隋書・經籍志》**集部：別集類有《魏陳思王曹植集》三十卷；總集類有〈洛神賦〉一卷，孫壑注；又《畫讚》五卷，漢明帝殿閣畫，魏陳思王曹植讚；梁有五十卷。史部：雜傳類有《列女傳頌》一卷，曹植撰。

**《舊唐書・經籍志》**丁部集錄：別集類有《魏陳思王集》二十卷，曹植撰；又三十卷。又《漢明帝殿閣畫讚》五十卷，曹植撰。《新唐書・藝文志》同。惟《列女傳頌》一卷，雖未見於《舊唐志》，但仍見《新唐志》乙部史錄雜傳類中。《舊唐志》或傳寫脫漏也。

**《宋史・藝文志》**集部：別集類有《陳思王集》十卷，曹植撰。

按今日所傳之宋嘉定十卷本，有賦四十四篇，詩七十四篇，雜文九十二篇，共二百十篇，即《宋志》所載之十卷本也。

**《四庫全書提要》**云：

《曹子建集》十卷，魏曹植撰。

按《魏志》植〈本傳〉：「景初中，撰錄植所著賦、頌、詩、銘、雜論，凡百餘篇，副藏內外。」《隋書・經籍志》載《陳思王集》三十卷，《唐書・藝文志》作二十卷，然復曰：又三十卷。蓋三十卷者，隋時舊本；二十卷者，為後來合併重編，實無兩集。鄭樵作《通志略》，亦併載二本。焦竑作《國史經籍志》，遂合二本卷數為一，稱《植集》為五十卷，謬之甚矣！陳振孫《書錄解題》亦作二十卷。然振孫謂其間頗有採取《御覽》、《書鈔》、《類聚》中所有者。則捃摭而成，已非唐時二十卷之舊。《文獻通考》作十卷，又并非陳氏著錄之舊。此本目錄後有嘉定六年癸酉字，猶從宋寧宗時本翻雕，蓋即《通考》所載也。凡賦四十四篇，詩七十四篇，雜文九十二篇，合計之，得二百十篇。較《魏志》所稱百餘篇者，其數轉溢。然殘篇斷句，錯出其間。如〈鷂雀〉、〈蝙蝠〉二賦均采自《藝文類聚》。《藝文類聚》之例，皆標「某人某文曰」云云。編是集者，遂以曰字為正文，連於賦之首句，殊為失考。又〈七哀詩〉，晉人采以入樂，增減其詞，以就音律，見《宋書・樂志》中。此不載其本詞，而載其入樂之本，亦為舛錯。〈棄婦篇〉見《玉臺新詠》，亦見《太平御覽》。〈鏡銘〉八字，反覆顛倒，皆叶韻成文，實為回文之祖。見《藝文類聚》，皆棄不載。而〈善哉行〉一篇，諸本皆作古辭，乃誤為植作。不知其下所載〈當來日大難〉，即當此篇也。使此為植作，將自作之而自擬之乎？至於〈王宋妻詩〉，《藝文類聚》作魏文帝，邢凱《坦齋通編》據舊本《玉臺新詠》稱為植作。今本《玉臺新詠》又作王宋自賦之詩。則眾說異同，亦宜附載，以備參考。乃竟遺漏，亦為疏略，不得謂之善本。然唐以前舊本既佚，後來刻《植集》者，率以是編為祖，別無更古於斯者，錄而存之，亦不得已而思其次也。

**《四庫簡明目錄標注》**：

《曹子建集》十卷，魏曹植撰。

邵懿辰《標注》云：

目錄後，有（宋）嘉定六年癸酉字，蓋即《文獻通考》所載十卷本也。明嘉靖郭萬程仿宋刊本有徐伯虯序。每頁十八行，行十七字。又有明活字本十卷，此二本俱佳。汪士賢刻本亦十卷，別本四卷，只詩賦，無雜文。此書以無〈七步詩〉者為善，朱述之有精校本。（按即《曹集考異》本）孫詒讓附錄云：「朱校本尚存，莫大令友芝有抄本。余從述之先生子桂樽借錄。」

**文瀾閣傳抄宋嘉定本**：

《曹子建集》十卷，魏曹植撰。

按文瀾閣鈔本，前後無序跋。明人《曹集》刊本皆從此出。

**《天祿琳瑯書目》**卷十，明版集部：

《曹子建集》，一函四冊，魏曹植著，十卷。

〈書錄〉云：

考《子建集》見於《隋志》者，稱三十卷；見於《唐志》及《書錄解題》者，皆二十卷；見於《〔郡齋〕讀書志》及《宋史·藝文志》者，則止十卷。此本前後俱無序跋，目錄後有元豐五年萬玉堂刊本記，亦分十卷，與《讀書志》、《宋志》同。其書橅刻甚精，印紙有金粟山房印記，古色可愛。惟目錄末頁與卷一首頁，紙色不同，字體亦異。當是先有宋本缺此二頁；因為翻刻，并以原書所缺，重寫補刊。舊有序跋，俱經私汰，未可知也。

**莫友芝《郘亭知見傳本書目》**：

《曹子建集》十卷，魏曹植撰。

宋本大字，旁有陳思王三字。（按即宋嘉定癸酉本）

明嘉靖中，郭萬程仿宋刻本，有徐伯虬序，每頁十七行，行二十一字。

明活字本十卷，又別本四卷，只詩賦，無雜文。

汪士賢刻本亦十卷，張溥《百三家集》本二卷。此書以無〈七步詩〉者為佳。

**《四部叢刊》**書目：

《曹子建集》十卷二冊，魏曹植撰。

〈書錄〉云：

明活字本，多於版口上方記入刊書人名，此本不載。字畫灑脫，乃活字本中之至精者。每頁十八行，行十七字。（按與邵懿辰所稱郭氏仿宋本同）；無〈七步詩〉，與瞿氏宋本合。

# 諸家評論

魏晉以來，諸家品評曹植，實繁有徒。略舉一二，俾供參考。

## 一、關於譜主品德個性

〈本傳〉云：

性簡易，不治威儀。輿馬服飾，不尚華麗。植任性而行，不自彫勵，飲酒不節。植嘗乘車行馳道中，開司馬門出。太祖大怒，公車令坐死。由是重諸侯科禁，而植寵日衰。（《魏志》卷十九）

又云：

二十四年，曹仁為關羽所圍。太祖以植為南中郎將，行征虜將軍，欲遣救仁，呼有所敕戒。植醉，不能受命，於是悔而罷之。（《魏志》卷十九）

丁廙曰：

臨淄侯天性仁孝，發於自然；而聰明智達，其殆庶幾！（〈本傳〉注引《文士傳》）

謝靈運曰：

公子不及世事，但美遨遊，然頗有憂生之嗟。（《文選》卷三十〈擬鄴中詠序〉）

王通曰：

陳思王可謂達理者也，以天下讓，時人莫之知也。（《文中子・事君篇》）

又曰：

謂陳思王善讓也，能污其跡，可謂遠刑名矣。人謂不密，吾不信也。（〈魏相篇〉）

劉克莊曰：

曹植以蓋世之才，他人猶愛之，況於父乎！使其稍加智巧，奪嫡猶反掌耳。植素無此念，深自斂退。雖丁儀等坐誅，辭不連植。黃初之世，數有貶削；方且作詩責躬，上表求自試。兄不見察，而不敢廢恭順之義，卒以此自全，可謂仁且智也。（《後村詩話》）

陳亮曰：

三代衰，孔氏之學又泯沒而無傳。其於君臣、父子、兄弟之間，失其本心者多矣。若植者，蓋孔子之謂仁者也。（《龍川集・三國紀年》附錄：〈論曹植〉）

郝經曰：

予讀植〈求通親親〉及〈陳情表〉，與〈贈白馬王彪〉詩，未嘗不為流涕也。親親之情，如此其篤也；愛兄之道，若此其盡也。雖為操所愛，不自矯飾，終無儌冀，使冢嗣不搖，而甘處藩服。及任城問璽，毅然責以袁氏事，則為弟之道亦盡也。（《續後漢書》卷二九）

李夢陽曰：

予讀植詩，至瑟調〈怨歌〉、〈贈白馬〉、〈浮萍〉等篇，暨觀〈求試〉、〈審舉〉等表，未嘗不泫然出涕也。曰：「嗟乎植！其音宛，其情危，其言憤切而有餘悲，殆處危疑之際者乎？」且以植之賢，稍自矜飭，奪儲特反掌耳。而乃縱酒劃晦，以明己無上兄之心。善乎文中子曰：「陳思王達理者也，以天下讓，而猶衷曲莫白，窘迫歿身。至今〈萁豆〉之吟，〈吁嗟〉之歌，令人慘不忍讀。」丕之於兄弟，誠薄矣。嗟呼！此魏之所以為魏也矣。（汪士賢二十名家集刊本《曹子建集・序》）

毛一公曰：

夫漢魏時，諸侯王以文著名者，獨淮南、東阿號稱巨擘。東阿應詔賦詩，七步而就。淮南旦受命擬〈離騷〉，食時而上。彼其才華敏贍，固略相埒。然淮南聚八公之徒，意在覬覦；恥於見削，卒罹憲網。東阿日與鄴中諸子浮湛翰墨，不及世事；雖遭困頓廢辱，亦安之而不悔，則其品格大有逕庭矣。故陳同甫以仁許東阿，劉後村亦謂處人倫之變者，當以東阿為法。（李楨刊本《陳思王集・後序》）

丁晏曰：

初，王以仁孝智達，魏祖特見寵愛，幾為太子者數矣。卒以天性簡易，不自彫飾；其兄乃以矯詐御之，交結左右，日夜為之陳說；而王一任其兄所為，恪守藩侯之職。〈豫章行〉云：「子臧讓千乘，季札慕其賢。」血誠之言，可謂至德矣。（《陳思王年譜》自序）

## 二、關於譜主文學天才

〈本傳〉云：

年十歲餘，誦讀《詩》、《論》及辭賦數十萬言，善屬文。太祖嘗視其文，謂植曰：「汝倩人耶？」植跪曰：「言出為論，下筆成章。顧當面試，奈何倩人？」時鄴銅爵臺新成，太祖悉將諸子登臺，使各為賦。植援筆立成，可觀，太祖甚異之。（《魏志》卷十九）

陳琳曰：

君侯體高世之才，秉青萍、干將之器，拂鐘無聲，應機立斷；此乃天然異稟，非鑽仰者所庶幾也。音義既遠，清辭妙句，焱絕煥炳，譬猶飛兔流星，超山越海，龍驥所不敢追，況於駑馬，可得齊足！（《文選》卷四十〈陳孔璋答東阿王牋〉）

吳質曰：

諷采所著，觀省英瑋，實賦頌之宗，作者之師也。（《文選》卷四十二〈吳季重答東阿王書〉）

楊修曰：

君侯少長貴盛，體旦、發之質，有聖善之教。遠近觀者，徒謂能宣昭懿德，光贊大業而已。不謂復能兼覽傳記，留思文章。今乃含王超陳，度越數子。觀者駭視而拭目，聽者傾首而聳耳，非夫體通性達，受之自然，其誰能至於此乎？又嘗親見執事，握牘持筆，有所造作，若成誦在心，借書於手，曾不斯須少留思慮。仲尼日月，無得踰焉。（《文選》卷四十〈楊德祖答臨淄侯牋〉）

魚豢曰：

植之華采，思若有神。太祖之動心，亦良有以也。（〈本傳〉注引）

左思曰：

勇若任城，才若東阿。抗旍，則威噞秋霜；摛翰，則華縱春葩。（《文選》卷六〈魏都賦〉）

《世說》曰：

曹子建七步成章，世目為繡虎。

按丁晏《詮評・集說》首引此條，謂出自《世說新語》，然檢宋劉義慶原書，并無是語。《世說補》有之，蓋據類書增入，如曾慥《類說》之類，似未足為據也。

劉勰曰：

子建援牘如口誦，仲宣舉筆似夙搆，阮瑀據案而制書，禰衡當食而草奏。雖云短篇，亦思之速也。（《文心雕龍・神思篇》）

又曰：

子建思捷而才儁，詩麗而表逸。（同上〈才略篇〉）

釋道宣曰：

植字子建，武帝第四子也。幼含珪璋，十歲能屬文；下筆便成，初無所改。世間藝術，無不畢善。邯鄲淳見而駭服，稱為天人也。（《廣弘明集》卷五〈辨惑篇〉）

李瀚曰：

仲宣獨步，子建八斗。宋徐子光注引〈謝靈運傳〉云：「天下才共有一石，子建獨得八斗。我得一斗。自古及今，共用一斗。」奇才博識，安可繼之？（《蒙求集注》卷下）

按《宋書》及《南史》謝靈運傳，俱無是語。不知徐子光果何所據？惟八斗一詞，自唐以後，用者漸廣。如駱賓王詩，有「陳思八斗才」。李商隱詩有「用盡陳王八斗才」。徐寅詩有「閑賦宮詞八斗才」之類，似非毫無來歷者。或謂出於《釋常談》所引，然亦未知其所本。

王世貞曰：

子建天才流麗，雖譽冠千古，而實避父兄。何以故？才太高，辭太華。

又云：

子建才敏於父兄，然不如其父兄質。漢樂府之變，自子建始。

又云：

子建「謁帝承明廬」，「明月照高樓」，非鄴中諸子可及。仲宣、公幹遠在下風。（《藝苑巵言》）

## 三、關於譜主文學修養

〈本傳〉云：

年十歲餘，誦讀《詩》、《論》及辭賦數十萬言。

又云：

自少至終，篇籍不離於手，誠難能也。（《魏志》卷十九）

魚豢曰：

陳思王精意著作，飲食減省，得反胃病也。（《御覽・人事部》引）

又曰：

植初得（邯鄲）淳甚喜，延入坐，不先與談。時天暑熱，植因呼常從，取水自澡，訖，傅粉。遂科頭拍袒，胡舞五椎鍛，跳丸擊劍，誦俳優小說數千言，訖，謂淳曰：「邯鄲生何如耶？」於是乃更著衣幘，整儀容，與淳評說混元造化之端，品物區別之意。然後論羲皇以來，聖賢、名臣、烈士優劣之差次，頌古今文章賦誄，及當官政事宜所先後。坐席默然，無與伉者。及暮，淳歸，對其所知歎植之才，謂之「天人」。（《魏志》卷二一〈王粲傳〉注引《魏略》）

蕭繹曰：

曹子建、陸士衡，皆文士也。觀其詞致側密，事語賢明，意匠有序，遺言無失，雖不以儒者命家，此亦悉通其義也。（《金樓子・立言篇》）

按建安諸子作品，流傳至今者，以曹植為最宏富。不惟兼攬眾長，而且諸體皆備。想像既豐，取材亦廣，貫穿經史，馳騁古今，上自混元造化之巨，下至品物庶類之繁，無不收入筆底，取譬託諷。因此記事抒情，寫物言志。類皆葳蕤紛綸，包羅萬象。所謂籠天地於形內，挫萬物於筆端。世人見曹植諸作，意境清新，篇體光華，為鄴中諸子所莫及，徒驚其才力之高，而不知其造詣之深也。

## 四、關於譜主創作風格

顏延之曰：

五言流靡，則劉楨、張華；四言側密，則張衡、王粲；若夫陳思，可謂兼之矣。（《御覽》卷五八六引）

沈約曰：

子建、仲宣，以氣質為體，並標能擅美，獨映當時。是以一世之士，競相慕習。原其飆流所始，莫不同祖《風》、《騷》。

又曰：

子建函京之作，仲宣灞岸之篇，……並直舉胸情，非傍詩史。正以音律調韻，取高前式。（《宋書》卷六十七〈謝靈運傳〉）

鍾嶸曰：

植詩，其源出於《國風》。骨氣奇高，詞采華茂，情兼雅怨，體被文質，粲溢古今，卓爾不羣。嗟乎，陳思之於文章也，譬人倫之有周孔，鱗羽之有龍鳳，音樂之有琴笙，女工之有黼黻。俾爾懷鉛吮墨者，抱篇章而景慕，映餘輝以自燭。故孔氏之門如用詩，則公幹升堂，思王入室，景陽、潘、陸，自可坐於廊廡之間矣。（《詩品》卷上）

劉勰曰：

若夫四言正體，則雅潤為本；五言流調，則清麗居宗；華實異用，惟才所安。故平子得其雅，叔夜含其潤，茂先凝其清，景陽振其麗；兼善，則子建、仲宣；偏美，則太沖、公幹。（《文心雕龍・明詩篇》）

又曰：

陳思之表，獨冠羣才。觀其體贍而律調，辭清而志顯，應物掣巧，隨變生趣，執轡有餘，故能緩急應節矣。（〈章表篇〉）

又曰：

若夫宮商大和，譬諸吹籥；翻迴取均，頗似調瑟。瑟資移柱，故有時而乖貳；籥含定管，故無往而不一。陳思、潘岳，吹籥之調也。（〈聲律篇〉）

又曰：

陳思之〈黃雀〉，公幹之〈青松〉，格剛才勁，并長於諷諭。（〈隱秀篇〉）

文中子曰：

君子哉，思王也，其文深以典。〈事君篇〉）

杜甫曰：

子建文筆壯，河間經術存。（《杜工部集》卷七〈別李義〉）

又曰：

文章曹植波瀾闊，服食劉安德業尊。（《杜工部集》卷八〈追酬故高蜀州人日見寄〉）

張耒曰：

予近讀曹植諸小賦，雖不能縝密工緻，悅可人意，而文氣疏俊，風致高遠，有漢賦餘韻，是可矜尚也。（《柯山集・吳故城賦跋》）

張戒曰：

阮嗣宗詩專以意勝，陶淵明詩專以味勝，曹子建詩專以韻勝，杜子美詩專以氣勝。然意可學也，味亦可學也；若夫韻有高下，氣有強弱，則不可強矣。此韓退之之文，曹子建、杜子美之詩，後世所以莫能及也。觀子建「明月照高樓」，「高臺多悲風」，「南國有佳人」，「驚風飄白日」，「謁帝承明廬」等篇，鏗鏘音節，抑揚態度，溫潤清和，金聲而玉振之，詞不迫切，而意已獨至，與《三百篇》異世同律。此

所謂韻不可及也。（《歲寒堂詩話》卷上）

敖陶孫曰：

魏武帝如幽燕老將，氣韻沈雄；曹子建如三河少年，風流自賞。（《詩評》）

陳繹曾曰：

陳思王斵削精潔，自然沈健。（《詩譜》）

《蘭莊詩話》：

曹子建詩，質樸渾厚，春容雋永，風調非後人所易到。陳子昂、李太白慕以為宗，信乎！晉以下鮮其儷也。予每讀其詩，灑然有千古之想。（《說郛》卷八十一）

胡應麟曰：

建安首稱曹、劉，陳王精金粹璧，無施不可。然四言源出《國風》，雜體規模兩漢，軌躅具存。第其才藻宏富，骨氣雄高，八斗之稱，良非溢美。（《詩藪・內編》卷二）

又曰：

兩漢諸詩，惟郊廟頗尚辭，樂府頗尚氣。魏氏而下，文隨運移，格以人變。若子桓、仲宣、士衡、安仁、景陽、靈運，以辭勝者也；公幹、太沖、越石、明遠，以氣勝者也。兼備二者，惟獨陳思。（《詩藪・內編》卷二）

## 五、關於譜主詩文評價

鍾嶸曰：

陳思為建安之傑，公幹、仲宣為輔；陸機為太康之英，安仁、景陽為輔；謝客為元嘉之雄，顏延年為輔。斯皆五言之冠冕，文詞之命世也。

又曰：

曹、劉殆文章之聖，陸、謝為體貳之才，銳精研思……若「置酒高殿上」，「明月照高樓」，為韻之首。

又云：

陳思〈贈弟〉、仲宣〈七哀〉、公幹〈思友〉、阮籍〈詠懷〉……斯皆五言之警策者也。所謂篇章之珠澤，文采之鄧林。（《詩品》）

劉勰曰：

自獻帝播遷，文學蓬轉。建安之末，區宇方輯。魏武以相王之尊，雅愛詩章；文

帝以副君之重，妙善詞賦；陳思以公子之豪，下筆琳瑯。（《文心雕龍・時序篇》）

又曰：

凡樂辭曰詩，詩聲曰歌。聲來被辭，辭繁難節。故陳思稱李延年閑於增損古辭，多者則宜減之，明貴約也。……子建、士衡，咸有佳篇。（〈樂府篇〉）

自魏代以來，頗非俳優，而君子嘲隱，化為謎語。……至魏文、陳思，約而密之。（〈諧讔篇〉）

魏晉辨頌，鮮有出轍。陳思所綴，以皇子為標；陸機積篇，惟功臣最顯。雖褒貶雜居，固末代之訛體也。（〈頌讚篇〉）

祝史陳信，資乎文辭。……後之譴呪，務於善罵。惟陳思〈誥咎〉，裁以正義矣。（〈祝盟篇〉）

崔駰誄趙，劉陶誄黃，並得憲章，工在簡要。陳思叨名，而體實繁緩。〈文皇誄〉末，旨在自陳，其乖甚矣。（〈誄碑篇〉）

又曰：

陳思〈客問〉，辭高而理疏。（〈雜文篇〉）

又曰：

陳思〈七啟〉，取美於宏壯。（〈雜文篇〉）

曹植〈辨道〉，體同書抄。（〈論說篇〉）

陳思〈魏德〉，假論客主。問答迂緩，且已千言。勞深勣寡，飆燄缺焉。（〈封禪篇〉）

陳思之文，羣才之俊也；而〈武帝誄〉云：「尊靈永蟄；」，〈明帝頌〉云：「聖體浮輕。」浮輕有似於蝴蝶，永蟄頗疑於昆蟲，施之尊極，豈其當乎！（〈指瑕篇〉）

陳思羣才之英也，〈報孔璋書〉云：「葛天氏之樂，千人唱，萬人和，聽者因以蔑《韶》、《夏》矣。」此引事之謬也。（〈事類篇〉）

魏文述典，陳思序書，應瑒文論，陸機文賦，仲洽流別，弘範翰林，各照隅隙，鮮觀衢路。或臧否當時之才，或銓品前修之文，或泛舉雅俗之旨，或撮題篇章之意。魏典密而不周，陳書辯而無當，應論華而疏略，陸賦巧而碎亂，流別精而少巧，翰林淺而寡要。（〈序志篇〉）

按劉氏對曹植諸製之評論，大抵褒貶任聲，抑揚過實，并不盡然。其亦所謂鑒而弗精，翫而未覈者歟？餘詳拙作《曹植作品之流別與解題》中，茲不多贅。

胡應麟曰：

子建〈責躬〉一章，辭義高古，幾並二章。〈應詔〉贍而不冗，整而有序，得繁簡文質之中，絕可師法。〈朔風〉稍露詞人腳手，格調在漢魏間。〈來日大難〉是樂府，非《風》、《雅》體也。（《詩藪・內編》卷一）

又曰：

「明月照高樓，想見餘光輝，」李陵逸詩也。子建「明月照高樓，流光正徘徊」，全用此句，而不用其意，遂為建安絕唱。

又曰：

子建〈雜詩〉，全法《十九首》。意象規模酷肖，而奇警絕到弗如。〈送應氏〉、〈贈王粲〉等篇，全法蘇、李，詞藻氣骨有餘，而清和婉順不足，然東西京後，惟斯人得其具體。

又曰：

子建〈名都〉、〈白馬〉、〈美女〉諸篇，辭極贍麗，然句頗尚工，語多致飾。視東西京樂府，天然古質，殊自不同。

又曰：

曹公「月明星稀，」四言之變也。子建〈名都〉、〈白馬〉，樂府之變也。士衡〈吳趨〉、〈塘上〉，五言之變也。

又曰：

陳王古詩獨擅，然諸體各有師承。

又曰：

子建〈七哀〉、〈三良〉、〈觀鬥雞〉、〈贈徐幹、仲宣、公幹〉并賦，而優劣自見。

又曰：

備諸體於建安者，陳王也；集大成於開元者，工部也。（同上卷二）

又曰：

建安中，三、四、五、六、七言，樂府，文賦俱工者，獨陳思耳！子桓具體而微。仲宣四言過五言，孔璋七言勝五言；應、劉、徐、阮，五言之外，諸體略不復覩，材具高下瞭然。（《詩藪・外編》卷一）

## 六、關於譜主作品影響

鍾嶸曰：

降及建安，曹公父子篤好斯文，平原兄弟鬱為文棟。劉楨、王粲為其羽翼。次有攀龍託鳳，自致於屬車者，蓋將百計，彬彬之盛，大備於時矣。（《詩品》序）

又曰：

晉平原相陸機，其原出於陳思，才高辭贍，舉體華美。宋臨川太守謝靈運，其原出於陳思，而雜有景陽之體。故尚巧似，而逸蕩過之。（《詩品》序）

駱賓王曰：

子建之牢籠羣彥，士衡之藉甚當時，並文苑之羽儀，詩人之龜鑑。（《初唐四傑文集》卷二十）

杜甫曰：

賦料揚雄敵。詩看子建親。（《杜工部集》卷一〈奉贈韋左丞丈〉）

釋皎然曰：

鄴中七子，陳王最高。（《詩式》）

胡應麟曰：

《三百篇》，非一代之音也；《十九首》，非一人之作也。古今專門大家，吾得三人焉：陳思之古，拾遺之律，翰林之絕，皆天授，非人力也。

又曰：

〈鰕䱇篇〉，太沖〈詠史〉所自出也；〈遠遊篇〉，景純〈遊仙〉所自出也；「南國有佳人」等篇，嗣宗諸作之祖；「公子敬愛客」等篇，士衡羣製之宗。諸子皆六朝巨擘，無能出其範圍，陳思所以獨擅八斗也。（以上俱見《詩藪・內編》卷二）

王士禎曰：

當塗之世，思王為宗。應、劉以下，羣附和之。（《古詩選・五言詩凡例》）

沈德潛曰：

蘇、李以後，陳思繼起。父兄多才，渠尤獨步。使才而不矜才，用博而不逞博；鄴下諸子，文翰鱗集，未許執金鼓而抗顏行也。故應為一大宗。（《說詩晬語》卷一）

丁晏曰：

詩自《三百篇》、《十九首》以來，漢以後正軌專門，首推子建。洵詩人之冠冕，樂府之津源也。其接武子建，傑然為詩家大宗，若陶之真摯，李之瓌逸，杜之忠悃，而其源皆出子建。陶、李、杜三家詩，後世盛行，而子建傳之者少，非數典而忘其祖乎？惟梁《文選》甄錄頗富，攬其精英。梁《詩品》謂人倫之有周孔，羽羣之有鸞鳳。又謂孔門用賦，陳思入室。蕭、鍾二君，允為知已。自斯以後，稱之者稀矣。至其人品之高，志量之遠，忠君愛國，情見乎辭。觀於〈洛神〉、〈九詠〉，屈靈均之嗣聲；〈求試〉諸疏，劉更生之方駕。〈與楊德祖書〉不以翰墨為勳績，詞賦為君子，其所見甚大，不僅以詩人目之。即以詩論，根乎學問，本乎性情，為建安七子之冠。（〈陳思王詩鈔原序〉）

又曰：

余嘗歎陳王忠孝之性，溢於楮墨，為古今詩人之冠。靈均以後，一人而已。梁鍾記室品其詩，譬以人倫之有周孔，可謂知言。（《魏陳思王植年譜・前言》）

# 七、關於譜主家庭環境

魏國文學，萃於曹氏一門。魏武父子祖孫，稽古右文，崇儒重學。建安八年，袁氏初破，區宇方輯，即令郡國興修文學。而又朝攬壯士，夜接詞人，提倡文藝，鼓勵創作。由是文人才士，鱗集鄴中，不惟曹魏成為中原文學之中心，而三祖亦成為文學運動之領袖人物矣。由是以觀，曹植之創作生活，其淵源於家學者匪淺。

《魏書》曰：

太祖御軍三十餘年，手不捨書，晝則講武策，夜則思經傳。登高必賦，及造新詩，被之管絃，皆成樂章。（《魏志・武帝紀》注引）

〈文帝紀〉曰：

初，帝好文學，以著述為務；自所勒成垂百篇。又使諸儒撰集經傳，隨類相從，凡千餘篇，號曰《皇覽》。評曰：「文帝天資文藻，下筆成章，博聞強識，才藝兼該。」（《魏志》卷二）

《典論・自敘》曰：

上雅好詩書文籍，雖在軍旅，手不釋卷。每每定省從容，常言：「人少好學則思專；長則善忘。長大而能勤學者，唯吾與袁伯業耳。」余是以少誦《詩》、《論》，及長，而備歷五經、四部、《史》、《漢》、諸子百家之言，靡不畢覽。（〈文帝紀〉注引）

《魏書》曰：

（明）帝生數歲而有岐嶷之姿，好學多識，特留意於法理。

又曰：

帝容止可觀，望之儼然。自在東宮，不交朝臣，不問政事，惟潛思書籍而已。（《魏志》卷三〈明帝紀〉注引）

沈約曰：

至於建安，曹氏基命，三祖、陳王，咸蓄盛藻。（《宋書・謝靈運傳》論）

劉勰曰：

魏之三祖，氣爽才麗，宰割辭調，音靡節平。（《文心雕龍・樂府篇》）

〈曹袞傳〉云：

少好學，年十餘歲，能屬文。每讀書，文學左右常恐以精力為病，數諫止之。然

性所樂，不能廢也。凡所著文章，二萬餘言。才不及陳思，而好與之侔。（《魏志》卷二十）

魏略曰：

賈洪字叔業，京兆新豐人也。好學有才，延康中，轉為白馬王相。王彪亦好文學，嘗宗師之。（《魏志》卷十三〈王肅傳〉注引）

鍾嶸曰：

魏白馬王彪，魏文學徐幹：白馬與陳思贈答，偉長與公幹往復，雖曰以莛扣鐘，亦能閑雅矣。（《詩品》卷下）

胡應麟曰：

魏武諸子二十五人，殤者十餘，知名者六：丕，彰，植，彪，沖，袞。彰之力，植之才，沖之智，皆古今絕出，咸萃一門。自書契以來，未有也。

又曰：

白馬名存鍾《品》，當亦能詩。（《詩藪‧外編》卷一）

# 八、關於譜主社會環境

建安之季，文學蓬轉。乘時之士，競相慕習。孔融氣盛於為筆，禰衡思銳於為文，騁詞之風，肇端於此。至若潘勗頌魏而騁才，獨擅場於錫命；王朗發憤以託志，又競爽於序銘。他如琳、瑀以符檄馳聲，徐、王以賦論標美；劉楨情高以會采，應瑒學優以得文。路粹、楊修，頗懷書記之工；丁儀、邯鄲，亦含論述之美，斯又殊聲而合響，異翮而同飛也。曹植所云：

當此之時，人人自謂握靈蛇之珠，家家自謂抱荊山之玉。吾王於是設天網以該之，頓八紘以掩之；今悉集茲國矣。（〈與楊德祖書〉，〈本傳〉注引《典略》）

〈王、衛、二劉、傅傳〉評曰：

昔文帝、陳王，以公子之尊，博好文采，同聲相應，才士並出，惟粲等六人最見名目。衛覬亦以多識典故，相時王之式。劉劭該覽學籍，文質周洽。劉廙以清鑒著，傅嘏用才達顯云。（《魏志》卷二十一）

劉勰曰：

建安之初，五言騰踊，文帝、陳思，縱轡以騁節；王、徐、應、劉，望路而爭驅；并憐風月，狎池苑，述恩榮，敘酣宴，慷慨以任氣，磊落以使才。造懷指事，不求纖密之巧；驅辭逐貌，唯取昭晰之能；此其所同也。（《文心雕龍・明詩篇》）

又曰：

魏武以相王之尊，雅愛詩章；文帝以副君之重，妙善辭賦；陳思以公子之豪，下筆琳琅；並體貌英逸，故俊才雲蒸。仲宣委質於漢南，孔璋歸命於河北，偉長從宦於青土，公幹徇質於海隅；德璉綜其斐然之思，元瑜展其翩翩之樂。文蔚、休伯之儔，子叔、德祖之侶，傲雅觴豆之前，雍容衽席之上，灑筆以成酣歌，和墨以資談笑。觀其時文，雅好慷慨，良由世積亂離，風衰俗怨，並志深而筆長，故梗概而多氣也。至明帝纂戎，制詩度曲，徵篇章之士，置崇文之館，何、劉羣才，迭相照耀。少主相仍，惟高貴英雅，顧盼合章，動言成論。於時正始餘風，篇體輕澹，而嵇、阮、應、繆，並馳文路矣。（同上〈時序篇〉）

鍾嶸曰：

降及建安，曹公父子，篤好斯文，平原兄弟，鬱為文棟。劉楨、王粲，為其羽翼。次有攀龍託鳳，自致於屬車者，蓋將百計，彬彬之盛，大備於時矣。（《詩品・序》）

# 參考書目

本譜引用及參考書目——一

陶靖節先生年譜　宋・吳仁傑撰
栗里譜　宋・王　質撰
韓吏部文公集年譜　宋・呂大防撰
韓子年譜　宋・洪興祖撰
柳先生年譜　宋・文安禮撰
杜工部詩年譜　宋・魯　訔撰
杜工部年譜　宋・黃　鶴撰
少陵先生年譜　清・錢謙益撰
杜工部年譜　清・朱鶴齡撰
杜子美年譜　清・顧　宸撰
昌黎先生年譜　清・顧嗣立撰
昌黎先生詩文年譜　清・方成珪撰

白香山年譜　宋・陳振孫撰
白香山年譜　清・汪立名撰
李義山詩譜　清・朱鶴齡撰
李義山年譜　清・程夢星撰
玉谿生年譜　清・馮　浩撰
玉谿生年譜會箋　清・張采田撰
范文正公年譜　宋・樓　鑰撰
歐陽文忠公年譜　宋・胡　柯撰
歐陽文忠公年譜　清・楊希閔撰
司馬溫國公年譜　清・顧棟高撰
王荊國公年譜　清・顧棟高撰
王荊公年譜考略　清・蔡上翔撰

東坡先生年譜　宋・王宗稷撰
黃山谷年譜　宋・任　淵撰
淮海先生年譜　清・秦瀛編撰
簡齋先生年譜　宋・胡　穉撰
陸放翁年譜　清・趙　翼撰
陸放翁先生年譜　清・錢大昕撰
朱子年譜　清・王懋竑撰
王陽明年譜　明・錢德洪撰
劉蕺山年譜　清・劉伯繩撰
顧亭林年譜　清・吳映奎撰
孫奇逢自訂譜　清・孫奇逢撰
阿雲崖年譜　清・那彥成撰
頤志齋四譜　清・丁　晏撰
史通　唐・劉知幾撰
獨異志　唐・李　亢撰
說詩晬語　清・沈德潛撰
文史通義　清・章學誠撰
癸巳類稿　清・俞正燮撰

## 本譜引用及參考書目——二

九州春秋　晉・司馬彪撰
三輔決錄　漢・趙　歧撰
山陽公載記　晉・樂　資撰
文士傳　晉・張　騭撰
文章志　晉・摯　虞撰
文章敘錄　晉・荀　勗撰
典論　魏・曹　丕撰
獻帝記　漢・劉　艾撰
獻帝春秋　晉・袁　曄撰
獻帝起居注　不詳撰人

魏武故事　不詳撰人

曹瞞傳　吳人作，姓名不詳

續漢書　晉・司馬彪撰

後漢書　吳・謝　承撰

後漢書　晉・華　嶠撰

後漢紀　晉・張　璠撰

後漢紀　晉・袁　宏撰

魏略　魏・魚　豢撰

魏紀　晉・陰　澹撰

典略　魏・魚　豢撰

吳書　吳・韋　曜撰

吳錄　晉・張　勃撰

吳曆　吳・胡　沖撰

魏晉世語　晉・郭　頒撰

魏書　晉・王　沈撰

江表傳　晉・虞　溥撰

先賢行狀　不詳撰人

漢末名士傳　不詳撰人

汝南先賢傳　魏・周　斐撰

陳留耆舊傳　魏・蘇　林撰

漢魏春秋　晉・孔　衍撰

魏氏春秋　晉・孫　盛撰

帝王世紀　晉・皇甫謐撰

會稽典錄　晉・虞　預撰

華陽國志　晉・常　璩撰

荀彧別傳　不詳撰人

任嘏別傳　不詳撰人

吳質別傳　不詳撰人

辛憲英傳　晉・夏侯湛撰

曹志別傳　不詳撰人

——以上各書俱見《三國志》裴松之注引

## 本譜引用及參考書目——三

後漢書集解 宋・范　曄撰
清・王先謙集解
三國志 晉・陳　壽撰
宋・裴松之注
世說新語 宋・劉義慶著
三國雜事 宋・唐　庚著
三國志補注 清・杭世駿撰
三國志注補 清・趙一清撰
三國志補注續 清・侯　康撰
三國志注證遺 清・周壽昌撰
三國志辨疑 清・錢大昭撰
三國志證聞 清・錢儀吉撰
三國志考證 清・潘　眉撰
三國志旁證 清・梁章鉅撰
三國大事年表 清・萬斯同撰
三國紀年表 清・周嘉猷撰
三國大事表 清・謝鍾英撰
三國諸王世表 清・萬斯同撰
三國疆域志 清・洪亮吉撰
三國疆域志補注 清・謝鍾英撰
三國疆域志疑 清・謝鍾英撰
三國郡縣表附考證 清・吳增僅撰

三國職官表　清・洪飴孫撰
補三國藝文志　清・侯　康撰
三國藝文志　清・姚振宗撰
晉書　唐・房玄齡撰等
宋書　梁・沈　約撰
南齊書　梁・蕭子顯撰
梁書　唐・姚思廉撰
隋書經籍志　唐・魏　徵撰
唐書經籍志　後晉・劉昫撰
新唐書藝文志　宋・歐陽修撰等
宋史藝文志　元・托克托撰等
資治通鑑　宋・司馬光撰
續後漢書　宋・蕭　常撰
續後漢書　元・郝　經撰
通典　唐・杜　佑撰
通志　宋・鄭　樵撰
文獻通考　元・馬端臨撰
東漢會要　宋・徐天麟撰
三國會要　清・楊　晨撰
水經注　後魏・酈道元撰
元和郡縣誌　唐・李吉甫撰
太平寰宇記　宋・樂　史撰
歷代地理志韻編今釋　清・李兆洛撰
歷代紀元編　清・李兆洛撰
歷代建元考　清・鍾淵映撰
歷代帝王廟謚年諱譜　清・陸費墀撰
歷代帝王年表　清・齊召南編
十七史商榷　清・王鳴盛撰
廿二史考異　清・錢大昕撰
廿二史箚記　清・趙　翼撰

| | |
|---|---|
| 疑年錄 | 清・錢大昕撰 |
| 歷代名人年譜 | 清・吳榮光編 |
| 老子 | 魏・王　弼注 |
| 莊子 | 晉・郭　象注 |
| 抱朴子 | 晉・葛　洪撰 |
| 文中子 | 隋・王　通撰 |
| 金樓子 | 梁・蕭　繹撰 |
| 顏氏家訓 | 隋・顏之推著 |
| 兼明書 | 唐・邱光庭撰 |
| 封氏見聞記 | 唐・封　演撰 |
| 蒙求集注 | 宋・徐子光注 |
| 困學紀聞 | 宋・王應麟撰 |
| 北堂書鈔 | 唐・虞世南輯 |
| 藝文類聚 | 唐・歐陽詢撰 |
| 初學記 | 唐・徐堅等撰 |
| 白孔六帖 | 唐・白居易撰 |
| 太平御覽 | 宋・李　昉撰 |
| 太平廣記 | 宋・李　昉撰 |
| 文苑英華 | 宋・李　昉撰 |
| 冊府元龜 | 宋・王欽若撰 |
| 博物志 | 晉・張　華撰 |
| 古今注 | 晉・崔　豹撰 |
| 異苑 | 宋・劉敬叔撰 |
| 廣弘明集 | 唐・釋道宣撰 |
| 蘇氏演義 | 唐・蘇　鶚撰 |
| 資暇集 | 唐・李匡乂撰 |
| 說郛 | 明・陶宗儀撰 |
| 子略 | 宋・高似孫撰 |
| 郡齋讀書志 | 宋・晁公武撰 |
| 直齋書錄解題 | 宋・陳振孫撰 |

四庫全書總目提要　清・紀　昀撰
四庫簡明目錄　清・紀　昀撰
文章流別論　晉・摯　虞撰
翰林論　晉・李　充撰
文心雕龍　梁・劉　勰撰
詩品　梁・鍾　嶸撰
昭明文選　梁・蕭　統纂
玉臺新詠　南朝陳・徐陵纂
文館詞林　唐・許敬宗纂
古文苑　宋・章　樵注
續古文苑　清・孫星衍纂
漢魏六朝百三家集　明・張　溥輯
全後漢三國文　清・嚴可均纂
樂府古題要解　唐・吳　兢撰
樂府詩集　宋・郭茂倩輯

古樂府　元・左克明纂
風雅翼　元・劉　履撰
古詩紀　明・馮惟訥纂
古詩鏡　明・陸時雍纂
古詩選　清・王士禎纂
古詩源　清・沈德潛纂
樂府正義　清・朱　乾纂
駢體文鈔　清・李兆洛輯
七十家賦鈔　清・張惠言輯
曹子建集　續古逸書本
曹子建集　明活字本影印
曹子建集　明・汪士賢刊本
陳思王集　明・張溥百三家集本
曹集考異　清・朱緒曾考異
曹集詮評　清・丁　晏詮評

駱賓王集　唐・駱賓王撰

杜工部集　唐・杜　甫撰

龍川文集　宋・陳　亮撰

大雲山房文稿　清・惲　敬撰

詩式　唐・釋皎然撰

滄浪詩話　宋・嚴　羽撰

歲寒堂詩話　宋・張　戒撰

蘭莊詩話　不詳撰人

後村詩話　宋・劉克莊撰

歷代詩話　清・何文煥輯

談藝錄　明・徐禎卿撰

藝苑巵言　明・王世貞撰

詩藪　明・胡應麟撰

詩評　宋・敖陶孫撰

# 後記

先父遺稿撰於一九五六年初，時值一九五五年肅反、審幹運動之後。因抗日時期在重慶任軍委政治部編審室少將主編，與郭沫若等共同負責「日本反戰同盟」，進行對日宣傳（經郭沫若書面證明，無任何政治問題）。抗日勝利後，在南京任監察院簡任祕書，為于右任先生撰寫應酬文稿。由此構成政治歷史問題，名列另冊，著述遭禁。業已完成標校之《小說考證》，不予出版。「文革」後，經原監察院同仁屈武協助平反，一九八四年，始得面世。先父乃一介文士，一九四六年去渝還都，曾賦詩曰：「作嫁何須苦卜居，文人生活伴蟲魚，乾坤一笑留心影，讀我琳瑯萬卷書。」平生廉潔自奉，醉心翰墨，不問政治。經歷次運動審查，确認其從未加入國民黨，一九五八年仍以「國民黨高級軍政人員」判處管制。身處逆境，仍筆耕不輟，期以平生所學，回饋社會，補益後學。不意「文革」中復遭迫害，抄家清單有「字紙一麻袋」，皆其所撰手稿。先父殫思竭慮，比老乃成之等身著作，毀於一旦，痛何如哉！倖存《五經源流變遷考》、《孔子事蹟考》、《曹植年譜》、《竹園詩文稿》等四種，賴先母陳芝田將手稿裝訂藏匿，得以保全。

現值國運昌盛，國學復甦，不肖子整理遺稿，交付出版。自知才疏學淺，不堪當此重任，仍勉力草成其事。有引入舛錯及處置不當者，尚祈海內方聞碩學，有以教正。

茲將整理情形，略述於左：

原稿為未定稿。「譜前」部分，原稿目錄分節，正文未分節。現按目錄將正文分節。「編年」部分，原稿目錄將生年、生地、誕生前夕、同時人物年歲等，與初平、興平、建安、黃初、太和諸時期並列。現將其歸入「譜主之誕生」一節內，再與諸時期並列。

原稿〈洛神賦〉引李善注云：「《魏志》及諸詩序，並云四年朝，此云三年，誤。」而仍依植〈洛神賦・序〉繫於黃初三年。蓋秉太史公「信以傳信，疑以傳疑，」之遺意也。然李善既已「祛疑」，似已毋庸「傳疑」，故改繫於黃初四年。

〈龍見賀表〉、〈聖皇篇〉皆言延康時事，原稿均繫於延康元年。然文中有「聖德至理」、「聖皇應曆數」之句，似應作於曹丕受漢禪後。而曹丕踐阼後，遽改漢年，變延康為黃初，故改繫於黃初元年。

原稿引文未分段，且標點不全者，均參照原書點校本，分段標點。惟坊間流傳之古籍點校本，句讀仍有失誤，未可盡從，斷句多以原稿為準。引文因版本不同而文字稍有出入者，則擇善而從，或不予改動。

二〇一一年十月　江宏於同濟大學

# 曹植年譜

作者◆江竹虛 撰／江宏 整理
發行人◆施嘉明
總編輯◆方鵬程
主編◆葉幗英
責任編輯◆王窈姿
美術設計◆吳郁婷

出版發行：臺灣商務印書館股份有限公司
編輯部：10046台北市中正區重慶南路一段三十七號
電話：(02)2371-3712 傳真：(02)2375-2201
營業部：10660台北市大安區新生南路三段十九巷三號
電話：(02)2368-3616 傳真：(02)2368-3626
讀者服務專線：0800056196
郵撥：0000165-1 E-mail：ecptw@cptw.com.tw
網路書店網址：www.cptw.com.tw
網路書店臉書：facebook.com.tw/ecptwdoing
臉書：facebook.com.tw/ecptw 部落格：blog.yam.com/ecptw

局版北市業字第993號
初版一刷：2013年11月
定價：新台幣300元

ISBN 978-957-05-2723-0

曹植年譜 / 江竹虛撰, -- 初版. -- 臺北市 : 臺灣商務, 2013.11
面； 公分.

ISBN 978-957-05-2723-0（平裝）

1.（三國）曹植 2.年譜

782.924 101010475